AF237401

Werner Hummel

DEUTUNGSVERLUST

Bilder vor Gedanken in Zeiten des Übergangs

Bild-Vorderseite:
User:Planemad (https://commons.wikimedia.org/wiki/File:Wi-
kidata-logo.svg), „Wikidata-logo", Beschriftung von WH,
https://creativecommons.org/publicdomain/zero/1.0/legalcode
Rückseite: WH

Bibliografische Information der Deutschen
Nationalbibliothek
Die Deutsche Nationalbibliothek verzeichnet diese Publi-
kation in der Deutschen Nationalbibliografie; detaillierte
bibliografische Daten sind im Internet unter
http://dnb.d-nb.de abrufbar.

Herstellung und Verlag:
BoD - Books on Demand, Norderstedt
ISBN 9-783-752-65799-9

Inhaltsverzeichnis:

Seite(n)

1. Metaphorische Sprengsel: Unerledigte Zeit

Alles hat seine Zeit[1]. Das Unerledigte, Schattenhafte, Verdrängte, Beschämte, Übertragene, Überhöhte, Missachtete, Übergangene, Geworfene drängt aus den Kerkern der Vergangenheit in die Gegenwart. Die Fackeln in den tiefen Abgründen unseres Lebens verlieren mit dem Gang in die Höhe ihre Leuchtkraft. Licht von Oben wirft schemenhaft eine Leiter als „Blaupause der Rettung" in das Grau des Steins, dem die Schritte folgen. Rückblick bedeutet Lebensverlust auf dem Weg in die Erfahrung, dass Licht nicht Erkenntnis, sondern zunächst Blindheit erzeugt. Gedanken, Sätze entfliehen ohne Konjunktionen einer unsagbaren Leere. Ihre Fesseln, die die Blickrichtung allein auf das Schattenhafte zwangen, ziehen die Masse des Körpers nach unten. Das Gravitationszentrum des Menschen liegt im Schemenhaften, dem Halbdunkel, das die Grenzen zum Abyssus, dem Absturz in die Nacht des Nichts verdeckt. Dort war – mythisch – noch niemand und ist doch jeder. Nicht das Geworfensein ins Leben ist der Urtrieb der Existenz, der Gang in die Höhe und der immer drohende Absturz, das schwarze Loch der Vergangenheit richtet den Menschen, die Angst vor dem unendlichen Fall in eine bodenlose Sphäre der resonanzlosen Stille, ohne Wiederkehr. Der Verlust der Freiheit ist einmalig und endgültig, so wie die Verheißung.

---

[1] Kohelet 3,1.

Nicht alle riskieren den Fall wie Platon[2] und Orpheus[3] in den „unsagbaren" Ἅιδης (Hades). Wenige denken, sie liefen – wie Camus[4] – im Kreisel eines ebenen Irrgartens ohne Mitte. Persephone findet sich mit dem mythischen Wechsel der naturhaften Gezeiten und damit der Bestimmung der ἀνάγκη (Ananke) ab. Sie hat – ohne es zuzugeben – von der Frucht des Granatapfels gegessen. Hier wird das Licht im Reich der körperlosen Schatten mysterienhaft existenzial identifiziert. Schatten waren sie alle immer – auch im Wechsel der Kräfte des sichtbaren Universums – und ihre wesenlosen Körper, Opfer der τύχη (Tyche)[5] oder eines anonymen fatums, bleiben gegenwärtig. Doch erreichen diese Gestalten nicht den Saum einer Welt, deren Kraft nach oben zieht: ein Traktorstrahl einer Leichtkraft, die die willige, nicht zurückblickende Gestalt, ein Singularwesen, in ein Gleichgewicht emporhebt.

---

[2] Platon, Politeia VII, 514a - 517a.: „Nächstdem, sprach ich, vergleiche dir unsere Natur in Bezug auf Bildung und Unbildung folgendem Zustande. Sieh nämlich Menschen wie in einer unterirdischen, höhlenartigen Wohnung, die eine gegen das Licht geöffneten Zugang längs der ganzen Höhle hat." Ausgabe von Günther Eigeler, Platon, Werke in acht Bänden, Bd. 4, Darmstadt 1971.

[3] Ovid, Metamorphosen X, 1-105. Das Motiv seines Abstiegs ist die Liebe (X 25-27a): „posse pati volui nec me temptasse negabo:/vicit Amor. supera deus hic bene notus in ora est; /an sit et hic dubito." In der Übersetzung von Michael von Albrecht: „Ich wollte es ertragen und bekenne: ich hab's versucht; doch Amor hat gesiegt. In der oberen Welt ist dieser Gott wohlbekannt; ober er es auch hier ist, weiß ich nicht." Vgl. Michael von Albrecht (Hrsg.) , P. Ovidius Naso, Metamorphosen, Stuttgart 1994, 511f.

[4] Camus, Der Mythos des Sisyphos, Hamburg 1959.

[5] Göttin des Schicksals, der guten oder bösen Fügung.

Ein Ankerpunkt des Lebens als Erfahrung der Schwerkraft der Gnade[6]: anima quodammodo omnia[7].

Das Leben geht auf und über im verlöschenden Hauch oder tritt ein und unter im Haus einer ständigen Durchdringung, Eigen- und Anderssein in einem dritten Element vermittelt. Der Schatten des griechischen und existenzialistischen Denkens wird hier in der Gedankenwelt des albertinischen Schülers zum Leib und die Schwerkraft zur Leichtkraft eines in sich stehenden, aus sich heraustretenden und rettenden, unzerstörbaren Geistes. Doch wir Heutigen bleiben desillusioniert zurück, vom Tod der Geliebten verstört: „Che faro senz' Euridice?"

2. Eigentliches bleibt fremd. In-sich-bleiben.

In allem Eigentlichen werde ich, sind wir, von der Zeit umfangen. Freiheit in diesem temporalen Garten oder Gefängnis umhegt uns als Bewusstsein der Endlichkeit. Sich fallen lassen in die Unvermitteltheit des bloßen Daseins, einer Stille, in der die Ansprüche einer lauten Welt ihre Zügel verlieren. Bindungslosigkeit als Ergebnis des Verzichts auf Willen, Erkenntnis. Liebe im Wartezustand. Fehlende Moral. Grundgütiges Einverständnis mit dem DA-SEIN. Schweigen, in dem die Blicke nicht nach außen gelangen. Fehlende Angst vor dem Erblickt-Werden, vor

---

[6] Simone Weil, Schwerkraft und Gnade, München 1989.

[7] „Die Seele ist auf irgendeine Weise Alles". Vgl. Thomas v. Aquin, De anima III l lectio 13 n. 4:
„Et similiter anima data est homini loco omnium formarum, ut sit homo quodammodo totum ens ,inquantum secundum animam est quodammodo omnia". Vgl. http://www.corpusthomisticum.org/can3.html, 11.08.2020, 11.44.

den lauten Tönen eines anspruchsvollen Draußen. Relativierung, die im eigenen Ich behaust bleibt. Widerstand auch gegen das meditative, augustinische „foras exi"[8]. Verharren beim „in te ipsum redi[9]." Einfaltung statt Entfaltung.

Diese Richtung genügt als Fels des Widerstandes gegen die Diktatur des Andersseins, der Entfremdung, des Auswärtigen, gegen die Zwangsvollstreckung des eigenen Ichs durch die Banken des Zorns und die Agenten der Sicherheit.. Sie leben von der Angst. Denunziation ist die Rückseite des Opportunismus, den sie erzeugen. Der Verlust der Freiheit ist schon auf dem Weg in den Kerker eingetreten. Doch: wurzelhafte Einzelheit gegen die Winde des Wandels in einem mainstream der Machtbesessenheit, des Anspruchs auf absolute Geltung. Geraffte Segel und gelegter Anker gegen den Zug einer aufgewühlten, leeren See. Beschränkung auf das Einzige gegen das ozeanische Gefühl des Aufgehobenseins im Vielen. Jeder Zeit formulierter Gesetze gilt es sich zu entledigen. Weigere Dich, dem Diktat zu folgen. Schreibe die Töne nicht auf. Lass sie in der Leere des Raums verhallen und schütze Dein Gehör gegen die Resonanz, die Deine Weigerung auslöst. Schlage die Töne auf der Klaviatur des Innern und verharre. Leiste dem, der Deine Grenzen bedrängt, keinen Widerstand. Sie sind für ihn undurchdringlich und du verweigerst dem Schlag seine Wirkung. Wenn Du fliegst, vermeide den Widerstand der Luft. Schwebe im Ich. Bleib im Borghetto und sieh mit

---

[8] „Geh nach draußen!"
[9] „Kehre in dich selbst zurück!"

Zuneigung auf die Mauern, die Dich umgeben. Nimm nur die Innenseite wahr .Setze das Ausrufezeichen Deines DASEINS. Die Diktatur beginnt immer draußen. Der Vergleich mit dem Besseren ist der Höllensturz Satans. Gott ist der Gute ohne Maß. Das Endliche ist das, was Dich im Innern festhält, Dich umfängt, wie die Zeit: ein zu bestellender Garten der Freiheit, der sich nur als Geschenk für Andere aufschließen darf. Taste die Blumen des Guten nicht an. Sie blühen von selbst. Sei ein Kontinent, an dem die Wogen des Ozeans ihr Ende finden. Lass das Rauschen der Brandung an den Dämmen Deiner Orte verebben. So hat die Diktatur keine Macht über Dich und Du bleibst frei: Indivisum in se, divisum a quolibet alio. nihil alium est unum quam indivisum.[10]

Siste paulisper, homuncio! Halte an, Menschlein! Verweile im Ungeteilten.

3. Verloren im Schweigen

Die „bocca della verità"[11] spricht nicht und wird nicht besprochen. In dieser leeren Stille spiegelt sich der Mensch, der sich im Innern nicht wahrnimmt. Seine Sorge ist allein auf den Verlust seiner Hand gerichtet. Prüfung, Versuchung, Gewissen wäre Selbsttranszendenz. Die Menge ist

---

[10] Vgl. Thomas v. Aquin, ver. I, 22; auch Boethius: individua substantia rationalis naturae. Vgl.: Corinna Schlapkohl, *Boethius und die Debatte über den Personbegriff, o.O., 1999.* „Ungeteilt in sich, getrennt von jedwedem anderen. Es gibt keine Einheit, die nicht ungeteilt ist."
[11] Der „Mund der Wahrheit" ist wahrscheinlich ein ehemaliger Kanalstein, der sich heute im Vorraum der Kirche Santa Maria in Cosmedin in der Nähe des Circus Maximus befindet.

nicht davon überrascht, von einem Wasserspeier aus dem Untergrund angestarrt zu werden. Die Magie des offenen Mundes ohne lebenspendenden Hauch ist stärker. Der Stein wird zur Quelle eines Infekts, der alle befällt, die sich dem Anblick des Chaos, des unendlichen Gähnens (sbadiglio infinito) aussetzen. Ein Mem als geistiger „Virus", der die Angst vor dem Verlust eines Körperteils pars pro toto mit der unbestimmten Furcht kombiniert. Panik tritt ein, wenn der Boden für den sicheren ethischen Gang wegbricht. Es herrscht Windstille in der Stadt. Schwüle umringt die zuckenden Hände und beschwert die stockende Haltung der fahlen Gestalten. Auszeit für einen kleinen Moment: Bomarzianisches Erschrecken[12] ohne Gartenidyll. Im Dunkel des Mundes lauert die Pest. Die Straße des Lebens ist durch ein Schaugitter getrennt. Nur die Gerüche und der Lärm des Kopfsteinpflasters dringen hindurch. Der Ausgang befindet sich rücklings. Der starre Körper ist kaum zu einer Drehung fähig. Das Auge überholt den Körper im Gehen. Ein Tuch wischt den Schweiß von der Stirn. FaszinAversion auf wenigen Zentimetern ein Paar. Die Leere ist auf jedem Meter auf dem Sprung. Der Bug in die Schönheit einer geordneten Architektonik des Darüber-Hinaus fällt der Bewegungslosigkeit zum Opfer. Kein „Aber", kein „Trotzdem". Deshalb: Atonie stumpfen Erschreckens, über den Verlust der Regungsfähigkeit.

---

[12] Bomarzo liegt 84 km nördlich von Rom, in der Nähe von Viterbo. Unter der Ägide von Vicino Orsini im 16. Jahrhundert wurde ein Park der Ungeheuer außerhalb der Stadt angelegt, den er selbst einen „Heiligen Wald" (*Sacro Bosco*) genannt hatte.

Auch Prometheus bleibt selbstbezogen. In Wirklichkeit rettet er nicht die Hoffnung, sondern allein die Büchse, die Form, die Kontur, während sich Epimetheus schuld- und angstbeladen davonschleicht.

Was haben der Erdling und die Lebendige aus dem verlorenen Paradies Anderes mitgenommen als den Spiegel ihrer eigenen Nacktheit, der erst in der Zweiheit ihres individuellen Begehrens eine widerständige Resonanz erscheinen lässt: Nichts. Die Wahrheit ist bodenlos für Menschen ohne Heimat. Das große Erschrecken. Vertreibung überall. Migration ohne Aussicht auf Heimat. Beispiellose Emotion – wie sie Masaccio projiziert. Der offene Mund Adams und Evas. Schöpfung und Apokalypse. Der stille Schrei. Etwas anderes als Schweigen.

4. *Paradoxie des Schweigens: Der Mensch in der Schwebe*

Einfühlung, Nicht-Wissen, Verlegenheit, Berechnung, Erstarrung. Unterwerfung: vielfältig sind die Abgründe, die Phänotype, des Schweigens. Die menschlichste Ausdrucksform[13], zeigt sich als Form der ἐποχή (Epoche), der Enthaltung[14], verbal- körpersprachlich, seelisch. Urteilender Wille zum Ausdruck prallt an der Grenze des Schweigens ab. Das Klopfgeräusch allein dringt nach Außen als Anschein der Zustimmung zur Klausur der Freiheit: „qui tacet consentire videtur"[15] Diese Enthaltung macht den

---

[13] Max Picard, Die Welt des Schweigens, Erlenbach, Zürich, u.a., 2. Auflage 1950.
[14] gemeint: Zurückhaltung des eigenen Urteils.
[15] Vgl. Bonifaz VIII, Liber sextus decretalium 5,12,43. Vgl. Stefan Tobias Schwartze, "Qui tacet, consentire videtur" - eine Rechtsregel im Kommentar, Paderborn 2003.

urgeistigen Akt der verweigerten, unmöglichen Kommunikation zum Ernstfall des Denkens und erinnert an den Einbezug des Einzelnen vor aller Sozialität in einen ihn übergreifenden Kommunikationsraum des Geistes. Der stumme Wortimpuls kommt – so wird verstehbar - von außen in den Innenraum des Menschen und generiert dort eine Ausdrucksform, die dem genetischen Entwicklungsstand gemäß ist. Ihre Startkontaktfläche ist die bewusst verweigerte Sprechhandlung. So ensteht im Schweigen das Paradox, dass die Enthaltung höchster Ausdruck menschlicher Verwiesenheit auf den eigenen heteronomen Urimplus ist. Eine ob des formulierten Nichts erstaunte Öffentlichkeit wird geboren. Verweigerte Worte stellen die Beziehung in die Schwebe, mehr noch: sie sind der Anfang einer „epochalen" Veränderung: Kommunikation als „Offenbarung".

Trotz Folter und Verurteilung schweigt Jesus, der apologielose Gottessohn. Signal seiner Souveränität über jedes menschliche Wort. „Du sprichst nicht mit mir? Weißt du nicht, dass ich Macht habe, dich freizulassen und Macht, dich zu kreuzigen?"[16] Logos – Sinn – Wort: Im Johannesevangelium findet dies εν ἀρχή (en archä), in principio, im Uranfang, ihre Fixierung im Verstummen des Menschensohnes. Aus dem „Anschein-Videtur"[17] der Rechtsstradition ist hier die Aktion, die Tat, wie sie Maurice Blondel[18] als lebenslange Beglaubigung eines

---

[16] Joh 19,19.

[17] lat. videri = den Anschein erwecken, scheinen.

[18] Maurice Blondel, L'Action – Die Tat. Versuch einer Kritik des Lebens und einer Wissenschaft der Praxis. Aus dem Französischen übertragen von Anton van Hoof, Freiburg, München 2018.

wahrhaften Lebens vorstellt, geworden. Das metaphysische, nicht kontingente Urfaktum allen Schweigens: *contra factum non valent verba*[19]. Nur die Tat[20] zählt. In diesem Schweigen gründet Kommunikation, zeigt sich der Anfang jeder „Offenbarung", Selbstmitteilung. Der schweigende Blick vor Pilatus ist der Ausgangspunkt der Mission. Das zunächst – denn Jesus spricht doch mit dem unverständigen Pilatus, wie Gott mit Kain – verweigerte Wort der Begründung und der Hinnahme des eigenen Leidens, ist der Beginn der Veränderung der römisch-hellenistischen Welt. Die Heilungs-, Wunder- und Zeichenerzählungen der Evangelien entstehen ex post. Sie sind der halböffentliche (gemeindliche) Ausdruck der Wirkung des Schweigen Gottes. Es übersteigt die Furcht vor der grölenden Menge und vor dem Ansehensverlust römischer Autorität (imperium sine fine). Der Anfang war vor dem letzten Verhör gesetzt: „Ecce homo!" – „Siehe ich finde keine Schuld an ihm!" (Joh 19,4). Pilatus steht dem Mund der Wahrheit gegenüber und überlässt das unschuldige Schweigen einer trauernden Minderheit, die sich in der im Geschrei erstarrten Menge verbirgt. Sein Blick wendet sich ab. Darin liegt seine Schuld. Den Wechsel der Machtverhältnisse hin zu einem in den Augen

---

[19] „Gegen die Tat haben die Worte keine Macht."
[20] Blondel, a.a.O., 457: „In dem Augenblick also, da man Gott mit einem Geistesblitz zu berühren scheint, entflieht er, wenn man ihn nicht festhält und sucht durch die Tat. Seine Unbeweglichkeit kann als feststehendes Ziel nur durcheine ständige Bewegung anvisiert werden. Überall, wo man stehen bleibt, ist er nicht; überall, wo man vorwärtsgeht, ist er."

seines Imperators schwachen Gott kann er nicht verhin-
dern. Die „Gute Botschaft" enstand aus dem Schweigen.

5. *Schwatzhaftigkeit der Moral: Phänomen vergeblichen*
Machtstrebens

In Zeiten der Krise postulieren die „Rückversicherer"
die Geltung ihrer Moral, um den Machtverlust zu begren-
zen. Der Appell an die „mores"(Sitten, Werte) soll die bisher selbstverständlichen Informationsregeln ersetzen, die
die Stabilität der psychischen Einnahmequellen garantie-
ren: Macht und Resonanz. Eine von ihren natürlichen
(vorgegebenen) Wurzeln losgelöste politische und gesellschaftliche Strategie kann sich nur noch an der Diversität
eines medial vermittelten, niemals vorhandenen,
mainstreams orientieren, dessen fehlende analoge Über-
einstimmung durch eine überbordende Geschwäzigkeit
verdeckt wird. Eine Inflation der subjektiven Wertigkeit
beansprucht die Geltung über soziale Größen, um den
Hinweis auf die chemo-biologischen Grundlagen jedes
Wachstumsprozesses als Rassismus, Biologismus, Fun-
damentalismus zu verunglimpfen. „Bunt" und „divers"
sind einsinnige Kampfbegriffe des Versuches, über die
herzustellende Geschwätzigkeit und Phraseologie[21] der
Gleichheit einen Aufschub zu erwirken: eine Verzöge-
rung des Diskurses, in dessen grundlegenden Teil sich
nicht die Evolution menschlichen Gemeinwohls manifes-
tiert, sondern eine Tarnoperation zur Gewinnung neuer
Meta-Regeln. Mit ihrer Hilfe wollen sich die Rückversicherer wieder in den Kommunikationsraum ihrer

---

[21] Gesamtheit typischer Wortverbindungen.

Klienten einloggen. Die „dunkle Energie" der Mikronukleinsäure soll auf diese Weise an den Lesegeräten neu installierter Gene für überkommene Erbdynastien befruchtet werden. Die Regeln für den „Menschenpark" (Slooterdijk)[22] werden nicht im herrschaftsfreien Diskurs formuliert, sondern folgen den Interessen der Informatiker und ihrer Auftraggeber. Sie setzen auf alle „Parteien", diejenigen, die bisher das „Sagen" hatten, ohne zu demonstrieren und auf die Wirkung derjenigen, die jetzt protestieren und in erneute Sklaverei verfallen. Es geht auch hier um „Versicherung". Die Vertreter eines erstarrten Bildes des „homo oeconomicus" haben kein Interesse an eindeutigeren, gefährlich individuellen Positionen ihrer Kundschaft. Das bedeutete in ihren Augen demokratischen, konsensualen Reibungsverlust, der sich auch in den Bilanzen der Macht ausweisen ließe. Sie sind hingegen verliebt in die zeitliche Eindimensionalität des „gamenden" Publikums mit fluxer Position. Die Gegenwart, die sie selbst fortschreiben wollen, lesen sie instant-messenger-mäßig, von den geposteten Pixeln der Gesichter ab, implantieren die Schnittstellen (interfaces) körperinnerlich mit dem transhumanistischen Versprechen einer Organerweiterung. Die Lobby dieser Interessen ist innerlich starr, aber äußerlich sehr kreativ. Die Zukunft bleibt so immer in der Macht der Versicherer als Versprechen einer ewig aktuellen Gegenwart: life is life. Überbordende Geschwätzigkeit in chat-rooms erdrückt den Gedanken

---

[22] Peter Sloterdijk, Regeln für den Menschenpark: ein Antwortschreiben zu Heideggers Brief über den Humanismus, Suhrkamp o.O.,(Bd. 6582), 1999.

nach umfassender Erneuerung. Sie machen aus dem „Netz" ein Gefängnis, dessen Unterhalt jeder Insasse selbst bezahlen muss: Währung = gedankliche Inkonsistenz. Die Haftung für eigene, abweichende Haltung wird nicht ausgeschlossen und in den Allgemeinen Bedingungen in Mikrogröße promulgiert. So hatte schon König Minos auf Kreta in formaler Berücksichtigung des Rechts absolut geherrscht, weil er seine Gesetze so hoch hängte, dass niemand sie wahrnehmen konnte. Innerhalb dieses „chatter-Raums" – im Fall König Minos eine Insel - darf ich mich prinzipiell frei fühlen. Jeder darf seine Meinung frei formulieren, soll die bedenklichen Folgen a priori einkalkulieren. Ein Sozialtraining dieser Art etabliert den Mechanismus der Geschwätzigkeit: Rede ohne den Mut zur Freiheit. Deshalb ist das „sapere aude!"[23] zu einer Drohung geworden, keine Aufforderung. So funktioniert Macht: Demotivierung, Demobilisierung. Machtgewinnung bedeutet Freiheitsentzug und im Verschwinden der Freiheit gewinnt das Geschwätz, die Denunziation an Bedeutung für die regelsetzenden Rückversicherer. Da das freie Wort das erste Opfer des Geschwätzes ist, bleibt im „Sozialen", dem Feld der Täter, Opfer und Mitläufer nur die vordefinierte korrekte Ordnung als Leitprinzip, die „Büchse" zur Kontinenz der Übel übrig. Elpis, die Hoffnung, musste als psychisches Narkotikum für ein verlorenes Ich zurückbleiben. Aus dem natürlichen Guten

---

[23] „Habe Mut, Geschmack am Leben zu finden!" Vgl. Horaz, ep. I 2,41f.: „dimidium facti, qui coepit habet: sapere aude, incipe!" („Frisch begonnen ist halb gewonnen. Entschließe dich zur Weisheit!"), in: Hans Färber, Wilhelm Schöne, Horaz, Sämtliche Werke, Darmstadt, 10. Auflage 1985, 428.

wird nun das sozial-instrumentelle Nützliche als Band der Einheit formuliert. Der Utilitarismus der Regeln versteckt sich dabei, sehr subjektiv, geschickt in der gesinnungsethischen Blase des menschenkonstruierten „Guten". Macht, geschwätzige Moral – Feinde der Freiheit in einer sinnverminderten Welt.

6. Theodizee unter dem Diktat des Virus[24]

Das Unbedachte und Verdrängte bricht in unseren Verstand als Aufforderung zur Selbstisolation, zur Distanz gegenüber dem Sozialen, gegenüber Kultur und Religiosität ein. Die Monadenhaftigkeit unseres Ichs – schon immer eine Form der Selbstquarantäne -, die jahrzehntelang großgeschrieben und kleinbedacht wurde, sieht sich plötzlich im Spiegel. Die Ausweglosigkeit der eigenen Positionierung, die Selbstimmunisierung des partikulären Geistes, die radikale Vereinzelung eröffnet einen Horizont der Anarchie, eines Gewaltausbruchs, der sich aus der Verzweiflung über fehlende Therapien speist. Impfstoffe aus nicht-eigener Produktion und ihre unerforschten Nebenwirkungen sind paradoxerweise das Vehikel dieser Ausweglosigkeit. Fehlendes Vertrauen lähmt nicht nur Wirtschaft, Kultur und Politik, sondern zersetzt ganz allmählich auch die unterste – bedeutendste - Ebene menschlichen Zusammenlebens zwischen Frau und Mann, Familie und den Lebenskreis, der sich daraus entwickelt. So ist Europa von der Bais her steriler, lebensfremder, geworden. Noch nie standen Gesellschaft, Staat, Institutionen, jeder Einzelne so nah und so hilflos an der

---

[24] Lat. virus, i n.: Schleim.

Mauer des Todes. Innerhalb weniger Tage, weniger Wochen paralysiert ein Virus alle menschlichen Konstrukte als ungenügende geistige Erlösungsgefährte vor der bisher fundamental geschmähten Biologie. Mögen auch die Ursachen menscheninduziert in einem entfremdeten Umgang mit der Mitwelt, Menschen, Tieren, Pflanzen, Mineralien („Zoonose") gelegen haben, ihre Wirkung übertrifft die Kausalität nicht nur graduell, sondern substantiell. Nicht der sich autonom wähnende *homo oeconomicus* dirigiert den Weg, sondern ein Nanometer winziges Virus. Wer es besitzt und die passenden biophysischen Umstände mitbringt, trägt ein unsichtbares Kainszeichen in sich, das ihn nicht rettet. Und warum sollte er das Objektive, das auf ihn Gerichtete wahrnehmen? Bis jetzt orientierte sich der Makrokosmos am Einzelnen, am Ich, am Subjekt. Nun sucht ein desorientiertes Ich am Rande des Abgrundes sein Selbst im noch nicht erfundenen Wirkstoff oder in der Wechselwirkung eines Proteins. Das Virus reguliert allein durch seine Anwesenheit und offenbart die tiefe Sehnsucht der meisten Menschen nach Überleben, koste es, was es wolle: auch den eigenen Tod. Das ist gefühlte Verdamnis. Das Virus ist der Tabubruch einer sich als modern verstehenden Weltgesellschaft. Es ist geistiger Träger einer Pandemie des Heimatlosen. Aus dem tremendum und fascinosum (Rudolf Otto) des „Heiligen"(numen) entsteht deshalb die Anklage gegen einen natur-, biologie- und geistvergessenen Menschentyp, der sein Heil nicht außerhalb seiner utopistischen Vernunft zu suchen vermochte. Das Tabu, der Kontakt, das „Schlagen" und „Ritzen" des archaischen Menschen verurteilte den Täter und das Opfer einst zum Tode. Jetzt bestimmt das nicht ins Blick gefasste „Außerhalb" und macht das soziale und für viele auch individuelle, vereinzelte Leben zu einem Gefängnis ohne Hoffnung auf einen Gefängniswärter, ohne Aussicht auf Entlassung aus der selbstbestimmten Hölle, der Vorhalle des Todes. Er ist nun nicht mehr Übergang, sondern Ende. Die Hölle sind nicht die Anderen, sie ist WIR im Zustand der pandemischen Immobilität. Das „Verweilen" hat seine Freiwilligkeit verloren. Abgeschlossene „Türen", verbarrikadierte Wege, Melde- und Aufenthaltsbestimmungen atmen ein fatales, ja beinahe letales[25] Aerosol, das in die Umgebung diffundiert und diese so versiegelt und unpassierbar macht. Das ist das Diktat, mehr noch das Supremat des bio-logos vor dem idio-logos der um ihren Anspruch nicht mehr nur fürchtenden Pseudo-Eliten: elitär ist nun nur mehr die Angst. Einzigartig und in seiner Wirksamkeit nicht zur erfassen ist das Auftreten eines winzigen Vorgangs, eines Quantums mit maximaler Sprengkraft. Das erinnert an den „Urknall" einer neuen Zeit, die anstelle des Ich das Selbst sucht, nicht unabhängig – das ist das Positive - von Gesellschaft und Religion.

Eine entgleitende Hoffnung erweist sich mit ihrem impliziten Anspruch auf Rettung und Verschonung gleichzeitig als Grenze, Gefängnis oder Schutz für die Reste personaler Würde. Allerdings befinden sich die institutionellen Vertreter dieser Tugend noch in einer Art selbstgeformter Isolation. Niemand weiß zudem, ob aus dem Diktat einer Notlage nicht auch eine neue Diktatur

---

[25] letum,-i n. (lat.): der Tod.

entsteht, die diesen Restanspruch an Selbstbestimmung in der Büchse der Pandora wieder verschließt. Eine Diktatur dieser Art erledigt die Freiheit gleich mit. Die Figur der „bocca della verità" wird zum Schlusstein des Lebens, wie wir es kannten. Das Grinsen des Pan in eine verstörte Gesellschaft, die dem Schrecken der Selbsterkenntnis entflieht. Das apollinische Γνῶθι σεαυτόν („Gnothi seauton"/lat. nosce te ipsum)[26] ist nicht mehr Aufforderung zur Wahrnehmung der innerlichen und äußeren Freiheit, sondern Urteil über eine freiheits- und damit verantwortungslose Pädagogik des Nihilismus: bloßes Faktum ohne Bedeutung. Wissen ohne Gefühl, ohne Übertragung in ein Jenseits (Metapher) ist leer. Einfach nur da und bestimmend, faszinierend wie ein Desinfiziens und fürchterregend, heiligend, verfluchend. Neutrum hoch zwei! *„Durch Zufall sind wir geworden, und danach werden wir sein, als wären wir nie gewesen."* (Weish 2,2)

7. Pädagogik des Entzugs

Doch in der Rück- und Selbstbezogenheit des antimetaphysischen Menschen lässt sich die quälende Frage nach dem principium (Urgrund) und dem finis (Urzweck) des Daseins nicht verdrängen. So offen und missbrauchbar die durch eine Pandemie hergestellte oder sich ergebende Fixierung des Einzelnen auf seine geschichtliche, soziale, politische und gesellschaftliche Einbettung (Situation) auch ist, eröffnet gerade sie doch den Freiraum, um grundlegende Fragen nach Herkunft und Zukunft des Menschen in der Gesamtheit seiner erfahrbaren

---

[26] „Erkenne dich selbst!" Inschrift am Apollon-Tempel in Delphi.

Welt zu stellen. Eine in der Geschichte der Menschheit einmalige Vereinzelung vermittelt sich in einem in ihrer Auswirkung und Übertragungsart unbestimmbaren sozio-biologischen Vorgang mit einer bisher nicht ausreichend wahrgenommenen Globalisierung. Das Konträre in den Lebensentwüfen zumindest der vermeintlich entwickelten und reicheren ersten Welt begegnet sich. Dieses Aufeinandertreffen nimmt die Form einer Krankheit an, deren Ausgang keineswegs bloß für die Älteren und Vorerkrankten zu einer Lebenskrise werden wird. Die Tatsächlichkeit dieser Krise wird deutlich in einer völligen Neubewertung der eigenen Körperlichkeit, der Erfahrung des Mangels an Lebensgütern, der Entwertung des Kapitals und der Anhäufung einer gigantischen Zahlenmasse an Schulden, verbunden mit dem Gefühl der Nichtigkeit der Zahl.

Ob es zu einer Neubestimmung der ethischen Grundlagen des Denkens und Fühlens kommt, die Art der Tatsächlichkeit also, wird davon geprägt, welche Güter in den Vordergrund getragen werden. Und diese Güter werden nicht in erster Linie materiell definiert, sondern ideel: Freiheit oder Gebundensein. Bestimmung des Eigenen oder Einsicht in die Notwendigkeit der Aufgabe der individuellen Freiheit zugunsten eines – wie auch immer gedachten – höheren Wertes. Wir schreiten in ein Universum der Unsicherheit. Der Entzug von Werten wird eine Nachfrage nach neuen Gütern hervorrufen. Leiden wird auch in den bisher gesättigten Gesellschaften wieder zu einer Quelle des Lernens werden: pathemata mathemata. Damit kann die Passivität, die Annahme, die Hinnahme der existenziellen Vorgegebenheiten des Lebens in den

Vordergrund treten, ja sogar zu einer neuen Modernität werden, nicht nur in ökologischer Hinsicht, sondern auch in philosophischer[27] und theologischer Betrachtung. Die Hin-und Übernahme der eigenen Begrenztheit im reflektiven Bewusstsein vertieft sich zu einer Quelle des Glücks, wenn man „Glück" im eigentlichen Sinn mit dem „Gelingen" verbindet, das immer auch Ge-schick ist, heteronom verdankt. Theologisch ist diese Passivität, das Leidenlassen und Leidenkönnen, die Urfrage der Gerechtigkeit, Allmacht und Güte Gottes, der dem Menschen immer schon als Schöpfer und Erlöser voraus ist, ihm entgegenkommt und ihn begleitet: eine positive Eschatologie. Hier wird das Fehlen einer neuen (religiösen) Didaktik oder Pädagogik sichtbar. Sie müsste die „passive" Erfahrung als sinnstiftende Bewegung in den Mittelpunkt stellen.

Leiden, Glück, Gerechtigkeit und Güte könnten sich – das sei der Vorsicht geschuldet - im Entzug verbinden und den Einzelnen wieder auf das Faktum seines Lebens, den Grund und das Wozu seines Überlebens verweisen. Es wird keine „Identifikation", kein aktives Bemühen um Glück, Rettung, Erlösung, etc. gefordert, weil sich im angedeuteten, sich ereignenden Entzug des Lebens eine neue – nicht hergestellte – sondern sich – mit der Wahrnehmung der Lebensmöglichkeit – einstellende neue geschichtliche Wirklichkeit ankündigt als Futur. Theologisch lässt sich dieses Präfutur jetzt bereits als Weise der Gegenwart des dreieinigen Gottes deuten, der im Leiden

---

[27] Vgl. Hannah Arendt, Vita activa oder vom tätigen Leben, München, 9. Aufl. 1997.

erlöst, sich einer bisher blinden, tauben und verschlossenen Welt entzieht, „absetzt" und dadurch neu gegenwärtig wird. Vielleicht ist dies ein Moment der „Gnade" mehr des Vorbeiziehens als des Entgegenkommens Gottes, so wie sie Mose gewährt wurde, seinem Wunsch gemäß (Ex 33,18). Mose wusste um die Ambiguität[28] dieser sich seit Abraham als Mitzieher-Gott offenbarenden Herrlichkeit. Für die Ungeduldigen, die sich ihren eigenen Götzen wünschen und bauen, wird dieser „Gott" das Verderben ihrer Aktivität besiegeln, so wie für den von Plagen geschlagenen Pharao.[29] Niemand jedoch wird diesen Entzug oder Auszug erleben, ohne wie Abraham, Isaak, Jakob, Mose, Sara, Rebekka, Rachel, Lea, Ruth und Noomi das Leiden kennengelernt zu haben. Ohne Verwundung, ohne Einschnitte geht niemand durch dieses Leben, das sich dem Einzelnen entzieht und die geschichtliche, biographische Weise der Selbstmitteilung des Gottes ist, der dieses Leiden in sich und für sich als Weise der Präsenz für uns nachvollzieht.[30] Das ist die Partnerschaft, die Teilhabe an seinem Leben, die er uns als Analogon zu seinem ewigen, in sich identischem und niemals ruhendem Geist gewährt (Gen 1,27). Dieser Geist

---

[28] Schwankende Mehrdeutigkeit.

[29] Vgl. Jan Assmann, Exodus. Die Revolution der Alten Welt, München, 3. Aufl. 2015, der auch die erschreckenden, verstörenden, gewalttätigen Wirkungen der Nichtakzeptanz des Mitzieher-Gottes aufweist.

[30] Ein immer wiederkehrendes Problem der Beziehung zwischen Philosophie und Theologie, zwischen Identität und Differenz in der Philosophie als Rückweg in die Theologie, z.B. bei L. B. Puntel, Die Trinitätslehre G.W.F. Hegels, in: Zeitschrift für Katholische Theologie (1967), 203-213.

leidet den Verrat des Petrus, die Folter des Pilatus, die Verachtung und den Stolz des Synedriums, die Hammerschläge des Kreuzes, den Lanzenstich, die Klage der Mutter und Freunde, den Tod als biologisches Ende. Gott ist die Theodizee im völligen Entzug und im eschatologisch erhofften „hinkenden" Vorübergang: Paschah. Und sie – das Theotop[31] als Theodizee - ist der Ort oder besser die Zeit, wo sich der Adam, der sich aus dem Garten katapultierte in geronnenem Gedanken, d.h. mit der Fülle seines Gefühls und seines Willens, seiner unverdienten Teilhabe an der Symbiose des Heiligen bewusst werden kann: principium et finis. Sind diese mythischen Theologoume nicht auch Schlüssel, „Enklaven"[32] für die Gegenwart? Doch ist diese metaphysisch-religiöse Denkschiene noch vermittelbar in Zeiten der Ort- und Grenzenlosigkeit?

8. Grenzverlust: „Medien" als Plattformen der Ich-Auflösung

Nicht mehr die Frage nach dem Verhältnis von Sache und Wort (adaequatio rei et intellectus) ist der „Boden", auf dem Zahlen (Kapital) und Wissen (Know-how) materiellen Wohlstand generieren, sondern virtuelle Wolkenkratzer, deren Algorithmen aus den Untergründen der Informatiker und Physiker stammen; diese Orte sind uns wie Schachteln übergestülpt. Einen Zugangscode zu diesen himmlischen Behausungen im Mehrfach-Verschlüsselungsmodus müssen wir uns selbst generieren. In diesen Wohnräumen bin ICH umgeben von den Wolken („clouds"), die Wissen und Nichtwissen voneinander

---

[31] theotopos: der Ort Gottes.
[32] „Einschlüsse", „eingeschlossene Räume".

trennen, die Reichtum und Zukunft vermitteln: Beziehung und Resonanz. Die „Hüter" dieser virtuellen Räume sind die „Medien". Sie lösen sich im Zeitalter des digitalen Umsturzes zunehmend von ihrer leidbewahrenden Funktion und versprechen den Lesern eine Botschaft des konstruierten Glücks: „lego ergo sum!" Nachricht und Tat sind in ihrer Konstruiertheit nicht mehr zu unterscheiden. Das „Buch des Lebens" verliert seine Umgrenzung in den Zeichen beliebiger Schriftgestalt ohne in eine Form der Akustik überführt zu werden. Text und Hypertext sind codiert in elektronischen – binären – Impulsen und Sequenzen, deren Neurotransmitter die Schranke zwischen Mensch und Maschine immer weiter zu überbrücken unternehmen. Die Trennung von Subjekt und Objekt – oft Quelle des Leids – wird in einer neuen Unübersichtlichkeit aufgehoben. Damit verliert die Reflexion ihre Eigenständigkeit und Freiheit kann weder im Gegensatz noch im Verbund mit vorgegebener Bedingtheit als Spiel mit den Konstanten definiert werden. Die Enthaltung verliert ihre kritische, subjekthaft sich den Ansprüchen des Objekts entgegenstellende Position der Unverrückbarkeit, sondern wird als Mittel des geistigen Suizids verstanden, weil sie sich dem Fluss an den Synapsen widersetzt. Medien paralysieren ihre Aufgabe als Mittler, wenn „Himmel" und „Hölle" ununterscheidbar sind.

Der „Entzug" von Schrift, Wort, Sache – synonym mit dem Verlust der gegenständlichen Projektion des eigenen Ich – ist schattenloses Zeichen einer neuen Metaphorik des Ich, dessen Gegenständlichkeit nicht mehr philosophisch als Individuum bestimmt werden kann: Der

Cyborg wird geboren. Eine anonyme Intelligenz tritt ihre Herrschaft an. Ihre Begründung und ihr Ziel verschwinden im Zyklus eines unermesslichen Energiestroms, der von den linearen Lebensbewegungen der Individuen nicht mehr nachvollzogen werden kann. Perpetuierendes Nirwana. Diese Intelligenz verliert ihre Substanzhaftigkeit. Nicht einmal die Adjektive „künstlich" oder „natürlich" sind ihr zuzuordnen.[33] Eine Anarchie scheint am Horizont auf, die sich – nicht so wie im 19. Jahrhundert etwa bei Max Stirner – noch von einer Gegen- oder Überform von Ordnung abheben kann. Mit dem Tod des Individuums stirbt die Philosophie, gegen sie die Freiheit. Der „Weltgeist" Hegels verliert seine synthetische Kraft. Aus der Diktatur des Unerledigten, hinter der noch ein leidvoller Zustand eines jeweils einzelnen Bewusstseins steht, wird das nicht mehr zu erledigende Diktat einer kaum zu fassenden bio-psycho-chemischen Transmission: der Auflösung des Menschen in seine milliardenfache, nicht mehr integrierbare virale Struktur. Die Medien als Plattformen sind spiegellose Avatare dieses schicksalhaften dharmas, ihre Eigentümer die Besessenen eines unendlich erscheinenden Samsara (Umherhirren). Dieses unvermittelte und nicht vermittelnde Medium ist das Ende der Welterfahrung und die Dystopie des Nichts, das von keiner Feuerbachschen oder Freudianischen Projektion provoziert wird. Dieser Projektionsschein ist ein uneingeladener „Gast", der ein Dauerwohnrecht verlangt,

---

[33] Vgl. den Artikel von Mark Siemons: https://www.faz.net/aktuell/feuilleton/debatten/kuenstliche-intelligenz-wir-cyborgs-16316404.html?fbclid=IwAR0y_wPyZJlgKWZ78axQxPOwkCico4pR22_kH78yxOkxmjy0DIHLB1PsZHM, 27.07.2020.

weil ihm das gänzlich Andere, das Bewusstsein der Fremdheit, fehlt. Das „Loch" definiert sich durch die „Ränder" der Laute, Schriftzeichen, Zahlen, Farben, Körper. Wenn dem antimetaphysischen Menschen diese Mangelerfahrung[34] abhanden gekommen ist, weiß er nicht mehr, wohin er sich wenden soll, an welchen Grenzen das verlorene Paradies endet. Er steht still, verliert sein Gesicht mit dem Spiegel, dessen Oberfläche lichte, sinnliche Reize nicht reflektiert, sondern verschluckt. Nietzsches letzte Hoffnung vor der Verzweiflung, das „ist" im Satz als Statthalter eines „Seins" stirbt an der letzten Haltestelle, dem letzten Warteraum godotscher[35] Prägung, der tatsächlichen Nivellierung des Menschlichen: Endspiel – Nichts zu machen! Doch das am Grunde der Existenz liegende Unbehagen bleibt.

9. Unbehagen an der Leere – „Mustration"

Pandemische Erfahrungen erzwingen die Einsicht in die Notwendigkeit von Freiheitsbeschränkungen um des höheren Guts Leben willen. Diese Einsicht sinkt graduell mit der Wahrnehmung der grundsätzlichen Möglichkeit, die Krise regional zu beschränken und mit der Hoffnung in absehbarer Zeit eine Immunisierung durch Medikamente oder Impfmaßnahmen zu erreichen. Aufgrund des verlorenen Vertrauens in das Zutreffen politischer und psychosozialer Aussagen treten die Spannungen in den

---

[34] omnis determinatio est negatio.
[35] Fränzi Maierhöfer Samuel Beckett, Warten auf Godot., Oldenbourg, 1973.

Gesellschaften deutlich hervor und bleiben auch dann, wenn sich „Impferfolge" einstellen sollten. Sie zeigen sich zunächst als „Murren" gegenüber einer als diktatorisch, jedenfalls demokratisch nicht abgesicherten, Sozialstrategie. Sie produziert in der Durchsetzung ihrer Maßnahmen von sich aus soziale Distanzierung und wird zum Aggregat[36] einer Protestbewegung. Quantitativ nennenswerter Protest war bisher nur im ökologischen und sozialpolitischen Bereich messbar. Ein fehlender gesellschaftlicher und politischer Konsens über die ethischen Grundlagen von Gesellschaft, Staaten, transnationalen Institutionen spielt den Wirtschaftsunternehmen in die Hände, die unter dem Plakat einer globalen Governanz – vermeintlich mit dem Anspruch auf Gemeinwohl – sowohl die Struktur als auch die Logistik für den Transport einer neuen Ethik liefern. Die bisherigen Führungssysteme, wie Arnold Gehlen sie beschrieb, bereiten sich auf ihren aviralen shut-down vor. Die damit verbundene Machtverschiebung - weg von den politischen und gesellschaftlichen Entscheidungsträgern hin zu den Shareholdern der ökonomischen Macht - bleibt in den Bevölkerungen nicht unbemerkt. Ein neues, tieferes Unbehagen zwischen Produzenten, Lieferanten und Konsumenten gerät dabei auch in das Umfeld der Zentralen der nunmehr politisch-gesellschaftlich relativen Ohnmacht: Parteien, Lobbyorganisationn, Kirchen, Gewerkschaften. Auch sie testieren die zunehmende Leere. Eine Verschiebung der Machtschwerpunkte vollzieht sich zudem im Blick auf die Verteilung globaler Einflusssphären, deren

---

[36] Sammlung.

Gewichte angesichts neuer Resourcengründe Intelligenz, Demographie und Ökologie sein werden. In vielfacher Hinsicht ist dabei Europa ein erkalteter Kontinent geworden, der das überlieferte Feuer an Entdecker- und Entwicklungsfreude, generell an eigener Generativität verloren zu haben scheint. Der Stand-by-Modus bedeutet aber in Wirklichkeit nicht Stillstand, sondern Rückschritt: stare recedere est. Murren aufgrund des wachsenden gesellschaftlichen Unbehagens speist sich dabei nicht nur aus der Feststellung der Begrenztheit der verfügbaren Resourcen, sondern auch aus dem Fehlen einer Perspektive, die über das globalistische Weltdorf, das Raumschiff Erde, hinaus, dem Begrenzten, Regionalen, dem Identitären eine Wohnung im gemeinsamen Haus überlässt. Sowohl das gemeinsame Welthaus als auch die eigene Wohnung sind momentan nicht bezugsfertig. Eine Pandemie klärt diese Asynchronizität[37] des Wechselspiels von Identität und globaler Relevanz, von Nachfrage und Angebot, von Wunsch und Wirklichkeit auf, ohne einen Ausweg aus der Lage zu bringen. Viele Menschen warten gerade zur falschen Zeit an den falschen Bahnsteigen auf tatsächlich ankommende Züge ohne einen Sitzplatz buchen zu können. Flughäfen, deren Eröffnung schon vor Jahren geplant war, öffnen – zeitverschoben – und trotz bestehenden Abflugwunsches vieler Menschen bleiben die Lande- und Startbahnen leer und die Menschen zu Hause. Die Umstände passen weder zu Motiven noch zu den Mitteln

---

[37] Die Ungleichzeitigkeit vormoderner, moderner und postmoderner Gesellschaften ist sicher eine der Ursachen für die Brüchigkeit internationaler Beziehungen.

und Zielen des Reisens. Die Unzufriedenheit bleibt zurück und „murrt". Der Zug und Flug der Freiheit verharrt und bleibt an Ort und Stelle. Dädalus kann nicht abheben!

Verharren klingt nicht nur wie Murren. Der Exodus findet im Wesentlichen nicht in Europa statt. Quantitativ unterschiedliche Immigrationsbewegungen aus dem Süden und Südosten des europäisch-vorderasiatischen Kontinents schließen die demographischen und schon immer sichtbaren ideologischen Lücken Europas und werden die Herrschaft der Schulden einer Währung durch Zahlungsverweigerung beenden.. Die Schuld wird nicht beglichen, weil nicht begriffen. Der Weg in das „gelobte Land" vollzieht sich in Phasen, aber im Blick auf Jericho und den Glauben der alteingesessenen Bevölkerung nicht ohne Gewalt: eine nicht leicht abzuweisende Befürchtung. Das Warten auf die Züge und Flugzeuge, überhaupt die eingeschränkte Mobilität der „Inlander" stellt die friedvolle Geduld angesichts der wachsenden Ansprüche der Zuwanderer an Teilhabe beiderseits auf eine harte Probe.

Wie in Zeiten der Völkerwanderung die Verteilung knapper werdender Güter und die Leistungsbereitschaft der einheimischen, nun weniger am Arbeitsergebnis beteiligter Bevölkerung gleichzeitig gesichert werden kann, ist eine Herausforderung, die nationale wie transnationale Institutionen überfordern dürfte. Benedikt von Nursia beispielsweise hielt in Zeiten der Völkerwanderung nur stand, weil er Arbeit mit dem religiösen Impuls des Gebets verbinden konnte. Montecassino war bis ins 20. Jahrhundert hinein ein pazifierendes Bollwerk gegen ausufernde Globalisierung und andauernde Migration.

Die Bombardierung dieses Ortes war ein diabolisches Fanal einer Zeit, die die Beziehung von Arbeit und Gebet verloren hat. Welche globalen Unternehmen werden in die Bresche springen und als Ausgleich für die Friedenssicherung benediktinischer Klöster wahrscheinlich feudale – nicht konsensgesteuerte – Strukturen der Kontrolle und Entwicklung etablieren? Ob diese Organe der Neuzeit entlastend wirken? Jedenfalls gilt: Wer über die Kommunikations- und die Lieferkanäle verfügt, ist dazu praedisponiert.

Bleibt die Angst als Angst vor dem Unerledigten, Imperfekten; mit ihr werden Menschen von Mängelwesen (Arnold Gehlen) zu äußerlich monadenförmigen Cyborgs umgebaut. Diese Angst trifft auf weitgehend immobile Gesellschaften ohne Fahrpläne, in deren Bahnhöfen Menschen permanent ankommen, ohne dass ihnen Wohnungen und Identifikationsmöglichkeiten angeboten werden. Angekommen und nicht abgeholt: das frustriert. Da-zu-sein und nicht wegzukommen, weil die Bedingungen in der Sklaverei der Knechtschaft eher zu ertragen waren und man nun nicht vom „Fleck kommt": das lässt murren. Wo Frustration auf Murren trifft, ist die Wahrscheinlichkeit der Entstehung von Gewalt sehr hoch. Die überkommenen gesellschaftlichen und politischen Signalträger der Macht sind die ersten, weil schwachen Opfer dieser Verbindung. Doch danach richtet sich diese Mustration[38] auch auf die Infrastruktur der feudalen Logistik- und Kommunikationssysteme. Hier erst ereignet sich die Fragmentierung jeder Ordnung. Mehr als

---

[38] Zusammensetzung: Murren plus Frustration.

Fragmentierung ist das die Fraktur, der Bruch, vor dem wir bewahrt bleiben mögen.

10. Hoffnung in einer erneuerten Ethik?

Die Voraussetzungen für eine globale Ethik der Kooperation liegen in den Gesellschaften des Westens in der Bereitschaft zum Verzicht auf liebgewonnene Standards der materiellen Versorgung, in einer positiven Annahme des Entzugs, der Selbsteinschränkung, sprich einer Askese in das Erlebnis des „Wenigen". Die demographisch „heißen" Gesellschaften des Südens und Ostens, hungrig auf den bisher versagten Konsum, den ihnen interessierte Medien als bedingungsloses Grundeigentum verheißungsvoll anpreisen, benötigen den Realismus und die Fähigkeit zur „kühlen" Einsicht in die Anstrengung eines Arbeitsprozesses, der die Beziehung zwischen labor (Arbeit) und lucrum (Gewinn) zementiert. Der Wille zum Verzicht muss sich also auf beiden Seiten kombinieren mit der Geneigtheit und auch der Fähigkeit zur Leistung. Inwieweit dies psychopolitisch darstellbar ist, bleibt angesichts der verbreiteten Identitätsdiffusion in vielen Zentren der Welt eine spannende Frage. Woher stammt der „Mörtel", die Verbindung im gemeinsamen Haus Erde? Wo liegt das Montecassino der Zukunft? Wer gibt die neue „KI" in Auftrag?

Der Verweis auf einen (neu zu gewinnenden) moralischen Realismus als Bezugsrahmen für gemeinsame Werturteile zielt in diese Richtung, blendet aber letztlich die heteronome Verankerung jeder autonomen Ethik, den

Urimpuls des Wortes (Offenbarung) aus.[39] Nur dieser Logos steigt hinab in die Tiefen der Existenz. Gibt es nicht Grundlegenderes als Ethik?

11. *Empathie schafft Vertrauent*

Überall, wohin ich mich bewege, nehme ich mich mit. Diese an sich gar nicht banale Erkenntnis, die Ernst Bloch einst formulierte[40], gilt um so mehr für das Unerlöste, das Abgewandte, Schattenhafte, Archetypische. Religiöse, philosophische und psychoanalytische Menschensicht können sich in diesem Basis-Satz wiederfinden, solange sie das Konzept einer Identität verfolgt, die sich auch im Wandel erhält, also den Substanzgedanken aufnimmt.

Als Erweiterung dieser Erfahrung, die sich noch nicht zur Klarheit eines Bewusstseinsvorgangs, geschweige denn einer politischen Leitidee emporhob, kann der wissenschaftlich gesicherte Mechanismus einer epigenetischen Transzendenz im Individuum gelten, dessen Potentialität auch eine Veränderung über das Individuum hinaus ermöglicht. Signale, Reize, mehr noch die „Blicke" der Um-, besser: Mitwelt verändern die elektrische Leitfähigkeit und auch die Speicherkapazität des zentralen und peripheren Sensoriums des Menschen. Giacomo

---

[39] Markus Gabriel, Moralischer Fortschritt in dunklen Zeiten. Universale Werte für das 21. Jahrhundert, Berlin, 3. Auflage 2020, 127 (passim).
[40] Ernst Bloch, Philosophische Aufsätze zur objektiven Phantasie (Werkausgabe Bd. 10), Frankfurt am Main 1985, 15:„Sich nimmt jeder überallhin mit. Leicht hierbei, an sich irre zu werden. Länger dauert es, bis einer eigenständlich an sich irre wird."

Rizzolatti[41] als einer der Entdecker der „Spiegelneuronen" und Joachim Bauer[42] als Wegweiser der Idee der genetisch- und epigenetischen Kooperation als Lern- und Lebensprinzip sind neben dem Gynäkologen und Theologen Johannes Huber[43] im mitteleuropäischen Wissenschaftsraum Kenner und wissenschaftliche Begleiter dieser Vorgänge. Sie sind gleichzeitig Diagnostiker desssen, was fehlt: Empathie als Fähigkeit, über das eigene, auch Gruppen-Ich hinaus zu fühlen und sich im Anderen, den Anderen zu entdecken: *„In te mi specchio".* *„Sei tu il mio io"* – so lauten Untertitel einzelner Publikationen von Giacomo Rizzolatti. Mit diesem epigenetischen Ansatz gehen die genannten Autoren über das soziologisch-funktionale Menschen -und Gesellschaftsbild des Großmeisters der Soziologie, Arnold Gehlen, hinaus und beziehen eine Antiposition zu einer bloß pragmatischen Verhaltenslehre, die nur aus der ex-post-Erfahrung (aus der Vergangenheit) Schlüsse zieht. Sie bilden damit eine Gegenhaltung zu einem öffentlichen Handeln, das psychopoltisch einem Traditionalismus schärfster Form verpflichet ist. Aus Angst vor der Abweisung durch Minderheiten fährt dieser pragmatisch-traditionalistische Entwurf bereits jahrzehntelang „auf Sicht" – wie könnte es denn anders sein – und blockiert die (alternativen) Möglickeiten der Zukunft.

---

[41] Giacomo Rizzolatti, Corrado Sinigallia, et alii, Empathie und Spiegelneurone: Die biologische Basis des Mitgefühls, edition unseld, 2008.

[42] Joachim Bauer, Das kooperative Gen. Evolution als kreativer Prozess, München 2010.

[43] Johannes Huber, Der holistische Mensch: Wir sind mehr als die Summe unserer Organe, Wien 2017.

Die Zeit zum Um- oder Abbiegen nimmt sich ein großer Teil der Öffentlichkeit gerade nicht. Die „Technik" ist zwar wohlbekannt, wird auch gegen den Einspruch einzelner Mitfahrer als Erziehungskonzept zur Einstimmigkeit im Fahrzeug als „nudging" eingesetzt, doch die Furcht vor der Erkenntnis der Einbahnstraße ist größer. Der Wille zum Durchhalten als voluntaristisches Projekt einer gescheiterten Streckenplanung überdeckt jeden Einwand. „Störer" gelten als Nörgler, Außenseiter bzw. werden zu solchen stigmatisiert. Symptom wird mit Ursache verwechselt. Die „Scheibenwischer" und „Scheinwerfer" lassen den Scheinwisse-Fahrern das Ende der Sackgasse im Regen erkennen. Doch die Hoffnung auf eine letzte Biegung vor der Mauer bei Fahrerwechsel erstickt den Gedanken des Nothalts. Mit geschlossenen Augen kann man Autofahren – bis zur nächsten Kreuzung.

Das Unwahrscheinliche ist der Treibstoff dieser Abenteurer. Ein-halt kann offenbar nur von außen kommen und sich gleichsam „viral" Geltung verschaffen. Deshalb wirkt die Epigenetik bedrohlich auf die eingefahrenen Streckenleiter. Die „Einbahnstraße" scheint derzeit ja das Framing-Projekt in Politik, Wirtschaft und Gesellschaft zu sein, zu dem sich zunehmenderweise auch Vertreter der Großkirchen gesellen. Dabei ist der Weg nach Oben (Transzendenz) und der Weg in die Tiefe (Inszendenz) nicht mehr im Blick. Empathie für die Mitfahrer: Fehlanzeige. Reformbereitschaft: nur im Ansatz.

In anderer Stoßrichtung erweist sich dieser von Rizzolatti, Bauer und Huber freigesetzte Pathos als Antipode eines sozialdarwinistischen, einseitig kapital- und informationgetriebenen   Menschenbilds   sowohl individualistischer als auch sozialistischer Prägung, gerade weil es an der Erkenntnis, die Martin Buber zum Leitmotiv seines Schreibens und Denkens erhoben hat, festhält: Das „Ich wird am Du" zum „Selbst".

Die argumentativ unterlegte Behauptung einer integrativen Selbststeuerungsmöglichkeit, die Obtinenz eines Restes an Wahl- und Entscheidungsfreiheit, ist die „condicio sine qua non" einer naturalistischen Auflösung des Ich in den Vorgang der Replikation, den ständigen fremdgesteuerten Wechsel zwischen MEM und Phänotyp. Der Zoologe Richard Dawkins[44] propagiert dieses Menschenbild, das sich aus unquantifizierbaren egoistischen Genen speist.

Nur ein kooperatives, auch in Sachen ethisch-moralischer Bindung freiheitliches Menschenbild kann der Insolvenz des Ich mit allen denkbaren Folgen für das Zusammenleben der Mensch- und Mitwelt in offenen, demokratischen Strukturen widerstehen. Ein freiheitliches Identitätskonzept steht einer unter dem Deckmantel der Sicherheit, Gleichheit operierenden Anonymität gegenüber: Ein „clash" nicht der Zivilisationen, sondern der Denkhaltungen, aus denen sich Sprechen und Handeln ergeben. Dieses „Framing" sollte nach Oben in die Schaltstellen gesellschaftlichen Bewusstseins aus den vorbewussten Wertspeichern übertragen werden. So kann aus dem verständlichen „thymos" unter der Leitung des „logistikon" demokratischer „pathos" als „Mitfühlen" mit dem Gegensätzlichen, Konträren entstehen. Hier ist der

---

[44] Richard Dawkins, Das egoistische Gen, 2014.

psychische Entstehungspunkt für das Toleranzempfinden.

Dieser Bezug bleibt eine „Herausforderung" bzw. mit anderern Worten: daran scheitert die gegenwärtige politisch-mediale Elite, die sich selbst nicht mehr versteht. Wer das „Ich" vergisst, wird nicht nach dem „Selbst" fragen und so keine Antwort für ein gesellschaftliches „Wir" entdecken. Das „Wir" steht aus und drängt als unerledigte Anfrage an das Jetzt. Der immer wieder beklagte Mangel an Kohärenz, als „Spaltung" der Gesellschaft mehr bejammert als konstruktiv angegangen, ist der Ausfluss einer Ich- und Selbstvergessenen sozial-utopistischen geistigen Sackgasse. In einer Sackgasse möchte sich der freie Bürger nicht befinden.

12. Die Bitte des Symmachus angesichts neuer Dominanz

„Und meine neuen muslimischen Freunde … ; es erschien ihnen vollkommen normal, dass ich mich bei meiner Suche nach einem Weg, dem atheistischen Humanismus zu entkommen, als Erstes meiner eigenen abendländischen Tradition zuwandte ; ohne das Christentum wären die europäischen Nationen nichts als ein Körper ohne Seele – Zombies. Bleibt nur die Frage: Konnte das Christentum wieder aufleben?"[45]

Wenn Schriftstellern ein besonderes Sensorium für das Unausgegorene, Unvollendete, sich im Kommen-Begreifende unterstellt werden darf, dann Michel Houellebecq. Mit faszinierender Flüssigkeit und Unaufgeregtheit beschreibt er den Übergang einer alternden Zivilisation über Brüche hinweg in eine Zivilisation des

---

[45] Michel Houellebecq, Unterwerfung, Köln 2015, 228.

Opportunismus, die ihre diktatorischen Züge durch neue Belohnungssysteme der Teilhabe an Sozialprestige infolge beruflicher Selektion kaschiert. Erregender- und empörenderweise geschieht dies durch den Kampf gegen die Monogamie zeigt sich in der Verdrängung der öffentlichen Rolle der Frau. Im Kampf um die Subversion des Alten kann man auf die Mechanismen des Antirassismus zurückgreifen, ohne auf die Legitimität einer zukünftigen Diskriminierung achten zu müssen. Ein neuer Phänotyp tritt im Gewand einer vermeintlichen Emanzipationsbewegung (soziale Eliminierung des Privilegs der Monogamie) und einer neuen Verdrängung, letztlich Versklavung, weiblicher Interessen unter das Diktat einer patriarchalen Denkstruktur. Hier zeigt sich, dass der „Islam" – unbeschadet seiner zahlreichen Ausprägungen – eine einheitliche, antipluralistische Zielsetzung erreicht, ohne sich durch die Vielfalt der konkurrierenden Lebensangebote verändern zu müssen – wider die Hoffnung manches Integrationisten. Die Idee der Gleichheit ist der „Steigbügelhalter" einer neuen archaischen Dominanz.

Eine Zivilisation stirbt nicht durch einen Angriff von Außen, sondern zerfällt im Inneren. Die Reste des Alten, Überholten, Naiven werden in Gestalt der bindungslosen Emanzipationsbefürworter zu den Treibstoffen dieser zivilisatorischen Neuprogrammierung im Namen eines veränderungsunfähigen Mann-Gottes. Naturalismus, Konstruktivismus, Materialismus, etc. verbinden sich am Ende nicht mit der Idee der Freiheit, sondern der Diktatur der Worte, Gedanken, Taten. Religionen erwiesen sich immer wieder als anfällig gegenüber der Versuchung einer Neuprogrammierung.

Dabei scheinen die Reste des verfassten Christentums in Europa und der Westlichen Welt nun erste Opfer der eigenen Liberalität zu werden, die sich zu stark an Ideen und abstrakten Praktiken und zu wenig an Personen und Religionsgründern orientierte. Offizielle theologische Texte[46] vermeiden weitgehend die Kritik des Religionsgründers Mohammed, in der Hoffnung auf ein gemeinsames Wertegespräch als Basis interkultureller Verständigung. Diese an sich verständliche ethisierende Funktionalisierung religiösen Gesprächs und ihrer Praxis lag schon im Gedanken der spätantiken Verteidiger des alten Glaubens gegenüber dem aufkommenden Christentum begründet und konnte in Zeiten des Geltungsverlusts der überkommenen religiösen Ordnung mit der Bitte um Toleranz verbunden werden.

Wenn man analoge geschichtliche Erfahrung als Folie für die Situation der Gegenwart gebrauchen darf, dann kann man das Scheitern der Ethisierung religiöser Geltungsansprüche im politischen Raum beispielhaft im kulturellen Rückspiegel der Spätantike betrachten:

Vettius Agorius Praetextatus, Nicomachus Flavianus und Quintus Aurelius Symmachus standen argumentativ in der Schwierigkeit den Polytheismus gegen eine mysterienhafte, den Bedürfnissen des Subjekts nach Sicherheit entgegenkommende Religion der Geschwisterlichkeit und Liebe zu verteidigen, die sich als kulturellen „backstream" auf einen solaren Monotheismus stützen

---

[46]http://www.vatican.va/archive/hist_councils/ii_vatican_council/documents/vat-ii_decl_19651028_nostra-aetate_ge.html, abgegriffen am 13.06.2020, 10.51.

konnte.[47] Jede kultische Nachahmung des Neuen und jede noch so ausgefeilte rhetorische Toleranz-Erklärung verfehlte letztlich gegenüber den imperialen Einheits- und Machtinteressen einzelner Bischöfe wie Imperatores, ihre Wirkung. Letztere waren durch ihre funktionellen Rollen als sakrosankte Personen sogar gegenüber rhetorischer Kritik weitgehend immunisiert, etwa ganz so wie der Religionsgründer des Islam. Die teilweise blutigen Folgen aus der Kontroverse um seine Kritisierbarkeit belegen dies. Die von Constantius II. zuerst aus der Curia entfernte Victoria-Statue, eidgebendes Sicherheitsbedürfnis (salus publica Romana) seit den Zeiten des Augusts, blieb – trotz eines kleinen julianischen Intermezzos – dauerhaft aus der politischen Öffentlichkeit der Neuen Zeit entfernt, weil die „Immunisierung" der neuen Religion gegen die Interessen der althergebrachten immer neu befestigt wurde. Der neue Machtanspruch war stärker als der Rekurs auf eine Religion, hinter der keine demographische Kraft mehr erkennbar war. Der für sich genommen wunderbare Gedanke des Rückbezugs auf die Geschichte, einer geschichtlichen Relativierung jeglichen Wahrheitsanspruchs, als Garant der Sicherheit und Freiheit des Gemeinwesens in der dritten Relation des Symmachus[48], war – so hebt es Richard Klein hervor – „nichts anderes als eine demütige Bitte an den Herrscher des Reiches, die Bräuche der Ahnen, das gottgewollte Recht und die Ordnung der Heimat zu schützen, weil man mit ganzer Seele daran hänge."[49] Der gehörte, aber

---

[47] Richard Klein, Symmachus, Darmstadt, 2. Auflage 1971, 55.
[48] Ein ungeheuer moderner Gedanke.
[49] Richard Klein, a.a.O.,79f.

nicht mehr umsetzbare Appell lautet: „Lasst den alten Ethos bestehen!" Diese bescheidene Bitte, eine pragmatische Besinnung auf die eigene geschwächte Position, hinderte die neuen Machthaber und ihre christlichen „influencer" trotz erfahrener eigener Diskriminierung, nicht daran, selbst intolerant zu agieren.

Trotz der erfolgten Ursurpation des Christentums durch den Pragmatismus der Macht und die (leider) von Bischof Ambrosius vollzogene Dämonisierung der alten Romidee[50] – einer gewissen „Vereinheitlichung" des kulturellen Hauptstroms - bleibt die Idee des Zusammenhangs zwischen pluraler religiöser Praxis und Sicherheitsinteressen der Staaten bis auf den heutigen Tag bedeutsam, ja geradezu zentral für das Zusammenleben der Menschen: pax deorum (modern: „Religionsfriede" und nicht „Religionsfreiheit") als Voraussetzung für die Idee der Gerechtigkeit, mehr noch der „Gleichheit" als dem Bedürfnis des Zugangs zum Recht.[51] Das sich damit stellende Problem des kulturellen Übergangs hat seit dem Jahr 384, nach mehr als 1600 Jahren nichts von seiner Gültigkeit eingebüßt. Dieses noch immer nicht voll erfasste Ereignis dokumentiert das Scheitern einer rein ethischen Sicht auf die Religionen im Zusammenleben pluraler

---

[50] Ambrosius, ep. 17.

[51] Symmachus findet in seiner dritten Relation folgende Umschreibung: „Aequum est, quidquid omnes colunt, unum putari. Eadem spectamus astra, commune caelum est, idem nos mundus involvit. Quid interest, qua quisque prudentia verum requirat? Uno itinere non potest perveniri ad tam grande secretum." Vgl.:http://www.hs-augsburg.de/~harsch/Chronologia/Lspost04/Symmachus/sym_re03.html, abgegriffen am 13.05.2020, 11.23.

Gesellschaften, wie wunderbar die Worte des Symmachus auch sind:

„Stellen wir uns vor, dass die Göttin Rom zugegen sei und Euch ansprüche: Ehrenwerteste Kaiser, Väter des Vaterlandes, habt Ehrfurcht vor meinem Alter, in das mich die Einhaltung des religiösen Brauches gelangen ließ! Lasst mich die Zeremonien der Ahnen begehen, denn dies ist keine Sünde. Lasst mich nach meiner Tradition leben, da ich frei geboren bin! Diese Religion hat den Erdkreis meinen Gesetzen unterworfen, diese heiligen Bräuche haben Hannibal von den Mauern der Stadt, die Gallier vom Kapitol abgewehrt. Bin ich damals gerettet worden, damit ich nun in meinen alten Tagen zurückgesetzt werde? Ich werde bald erkennen, von welcher Art die als notwendig angesehenen Maßnahmen sind; doch die Ausbesserung meines Alters kommt spät und ist schmachvoll. Daher bitten wir um Frieden für die Götter der Väter und die Götter der Heimat. Es ist gerecht, das Ziel der individuellen Religionsausübung als Einheit zu verstehen. Zu denselben Sternen blicken wir empor, der Himmel ist uns gemeinsam, dasselbe Weltall umgibt uns. Was liegt daran, unter welchem System ein jeder die Wahrheit erforscht? Auf einem Weg allein kann man nicht ein solch erhabenes Mysterium erkennen. Doch wäre dies eine akademische Diskussion. In der gegenwärtigen Lage tragen wir Bitten, nicht Streitfragen vor.“[52]

---

[52] vgl. der zusammenfassende Artikel: https://de.wikipedia.org/wiki/Quintus_Aurelius_Symmachus, abgegriffen am 13.06.2020, 11.35 Uhr; vgl. bibliotheca augustana, a.a.O., Relatio 3, 9-10: „ Romam nunc putemus adsistere atque his vobiscum agere sermonibus: Optimi principum, patres patriae, reveremini annos meos, in quos me pius ritus adduxit! Utar caerimoniis avitis; neque enim paenitet. Vivam meo more, quia libera sum! Hic cultus in leges meas orbem redegit, haec sacra Hannibalem a

Nicht unschwer können wir in Symmachus heute manchen Vertreter der christlichen Großkirchen sehen. Persönliche Existenzbeschreibung, wie die von Houellebecq, die Erfahrung psychopolitischer, rhetorisch-medial-unfreier Wirklichkeitsvorschreibungen sind Determinanten und Indizien einer Veränderung, die – so steht zu befürchten – einer neuen Illiberaltität den Weg weisen als Ausfluss einer Zivilisation, die müde geworden ist und den Blick nicht mehr erhebt, wie in der Spätantike: *„Roma senescente".*[53] Diese von Außen „begossene" und in ihrer Systematik gewollte Unfreiheit pflanzt sich im Gedächtnis, im zentralen Nervensystem des Menschen als memetische Struktur fort.[54] Der sozialphilosophisch wichtige und kosmologisch obligate Blick zu den Sternen hat – in Zeiten fehlenden Transzendenzbewusstseins – seine ordnende und relativierende Kraft verloren. Und so

---

moenibus, a Capitolio Senonas reppulerunt. Ad hoc ergo servata sum, ut longaeva reprehendar?

10. Videro, quale sit, quod instituendum putatur; sera tamen et contumeliosa emendatio senectutis. Ergo diis patriis, diis indigetibus pacem rogamus. Aequum est, quidquid omnes colunt, unum putari. Eadem spectamus astra, commune caelum est, idem nos mundus involvit. Quid interest, qua quisque prudentia verum requirat? Uno itinere non potest perveniri ad tam grande secretum. Sed haec otiosorum disputatio est. Nunc preces, non certamina offerimus."

[53] Die Idee der Müdigkeit begegnet auch im Werk des Philosophen Byung-Chul Han: Müdigkeitsgesellschaft. Burnoutgesellschaft. Hoch-zeit, Berlin 2013.

[54] Vgl. die Kritik von Alain Finkielkraut, in: https://www.welt.de/kultur/plus209419763/Alain-Finkielkraut-Beim-Antirassismus-geht-es-leider-nicht-mehr-um-Gleichheit.html?ticket=ST-A-325274-HY5cfQorQfVev17lTRYe-sso-signin-server, am 13.05.2020, 13.40 .

bleibt allein die Empirie, der man nur mit der Vorsichtig-keit des „Sichtfahrenden" begegnet. Alle empirische Er-kenntnis beginnt aber mit den Sinnen[55], geht von da zum Verstand und endet (vielleicht) in der Vernunft. Freiheit hängt nun davon ab, ob dieses sozialbehavioristische Ex-periment unter dem Drang einer veränderten Demogra-phie am Ende eines christlichen Zeitalters in Europa, zu Zeiten eines beobachtbaren kulturellen Umbruchs ange-sichts der Reflexionsschwäche einer Vernunft, die den Glauben, philosophisch „Thymos" und „Eros"nicht ein-bezieht, scheitern wird. Dabei ist es noch zu früh, um den Umbruch als E- oder Revolution zu bezeichnen, weil standpunktabhängig. Doch Personen und ihre sozialen Organisationsstrukturen als Träger der platonisch-thy-motischen Energie sind am Ende des 20. und zu Beginn des 21. Jahrhunderts von aufmerksamen, der Missgunst gegenüber abgeneigten Beobachtern wie Michel Houelle-becq und Peter Sloterdijk durchaus benannt: „…der Is-lam", der sich „in islamistischer Verwendung, (.) zu ei-nem religiösen Ready-made wandeln konnte, das sich ausgezeichnet zu mobilisatorischen Zwecken eignet."[56] Nur diese – auf äußere Macht gegründete Religion – ist Folie für die neue Disputation um das zivilisationsbe-gründende Verhältnis zwischen Welt und Glaube.[57]

---

[55] gr. peira,-as: Erfahrung, Wagnis, Unternehmung.
[56] Peter Sloterdijk, Zorn und Zeit, Frankfurt am Main, 2008, 345.
[57] Vgl. Michaela Wiegel, Gott in Frankreich. Vorgeschobene Lai-zität, in: FAZ vom 20.12.2020: in: https.// www.faz.net/aktu-ell/politik/ausland/frankreich-freiheit-gleichheit-religionsfeind-lichkeit-17109794.html, 28.12.2020, 14.05.

13. Freiheit als Urtrieb der Zivilisation:
"Vivam meo more, quia libera sum![58]"

„Fremant omnes licet, dicam, quod sentio." – Diese cicero-nianische Sentenz[59] ist, aus dem Zwang zur politischen Untätigkeit erwachsen, eine rhetorische Beschreibung der res publica amissa (verlorene republikanische Verfassung), die unter dem Machtbegehren von Oligarchen und ihren Parteianhängern ihr institutionelles Equilibrium (Gleichgewicht) verliert. Der griechische Staatstheoretiker Polybios[60] zeichnete diesen zyklischen Verfallsprozess von jeweils einem guten zu einem pervertierten Regierungsstil unter dem Gedanken des Grundwerteverlusts bereits im zweiten vorchristlichen Jahrhundert nach. Dieser politische Entwicklungsimpuls, unter dem Signum der Tugendhaftigkeit alles politischen Handelns stehend, war prägend für Marcus Tullius Cicero[61], Niccolò Macchiavelli, Charles de Montesquieu und eröffnete die Entwicklung zu einer Legitimierung eines Wechsels theonom sanktionierter Gesellschaftsformen (Polis, Rom, Gottesgnadentum) zu Ordnungen hin,

---

[58] „Ich will auf meine Art leben, weil ich frei bin!" (Symmachus, a.a.O.)

[59] Cicero, de oratore I 195: „Mögen auch alle murren, ich werde sagen, was ich fühle."

[60] Polybios, 6,4-9. Gedanke der ἀνακύκλωσις (anakyklosis), des Kreislaufes der Verfassungen..

[61] De re publica II. Z.B.: „Hic ille iam vertetur orbis, cuius naturalem motum aque circuitum a primo discite adgnoscere"/"Hier wird nun jener Kreislauf einsetzen, dessen natürliche Kreisbewegung ihr von Anfang an zu erkennen lernen müsst." Zitiert nach: Konrat(!) Ziegler, Cicero, Staatstheoretische Schriften, 4. Auflage, Berlin 1988, S. 110 (De re publica II 25,45).

die sich formell auf das – zunächst ständemäßig gedachte – Volk bezogen (Französische Revolution, m.E. Virginia Bill of rights). Schließlich führte der Gedanke des Wechsels („change")[62] auch zur Gewaltenteilung als Voraussetzung postabsolutistischen Zusammenlebens. Die Vorstellung, bisher gültige politische Voraussetzungen wechseln zu können, ist aber dennoch nicht die Urerfahrung, der Urtrieb des zivilisatorischen Projekts Europas. Der Gedanke der Freiheit ist in der europäischen Geistesgeschichte keine primäre, sondern eine sekundäre Angelegenheit, weil sich die Grunderfahrung zunächst mehr am archao-biologischen Gedanken der Verwiesenheit alles menschlichen Lebens in die Klammer von Notwendigkeit (Ἀνάγκη/ ananke), Schicksal (μοίρα/moira, εἱμαρμένη/ heimarmene, πεπρομενε/pepromene) und Zufall (τύχη) orientiert.

Noch vor-politisch (gr. πόλις/polis = Stadt) zeigt das griechische Adjektiv ἐλεύθερος/eleutheros (frei), das mit dem idg. leudh-ero-s (zum Volke gehörig, der freie Mann) verwandt ist, dass der freie Mann auf seiner Vaterlandserde lebt und zwar ohne Oberherrschaft eines anderen. Von diesem festen Standpunkt aus, kann er mit den Ebenbürtigen, den Gleichen, im Wettkampf (ἀγών/Agon) auftreten, im Gegensatz zum Kriegsgefangenen, der unter seinem Feind auf fremdem Boden Knecht (δοῦλος/doulos) ist.[63] Dieses Verständnis von

---

[62] Man könnte auch die Wahlkampagne Barrack Obamas - „Yes, we can!" – unter diesem Blickwinkel sehen. Leider galt dieser „Change-Gedanke" auch für seinen Nachfolger.
[63] Walter Warnach, Art. Freiheit, in: Joachim Ritter, Historisches Wörterbuch der Philosophie, Bd. 2, Darmstadt 1972, 1064ff.

Freiheit überträgt sich auch auf die Polis-Erde: „Die Polis, die Erde der Polis ist frei ... und frei ist, wer auf der Polis-Erde leben darf, wo ein νόμος (Nomos) herrscht, in dem Gewalt (βια/bia) und Recht (δικη/dike) zur Harmonie gebracht sind."[64] Freiheit wird hier nicht – wie in der postmodernen Folge als Überbleibsel eines dekonstruierten Ichs in einem „limbus", einer unbestimmten Zwischenwelt zwischen Demokratie und Tyrannis (um bei Polybios zu bleiben) chiffriert, als Bindungslosigkeit gedeutet, sondern als Gleichheit vor dem Gesetz (ἰσονομία/isonomia). Dieses Gesetz fordert unumschränkten Respekt ein. Im Denken der Sophisten wird Freiheit hingegen als das durch die Natur Bestimmte verstanden, im Gegensatz zu den Gesetzen, die bereits als Fesseln der Freiheit begriffen werden. „Die Natur allein bringt uns das Zuträgliche!" (συμφέρον/sympheron). Um im Gehorsam, in der Übereinstimmeung mit der Natur (φύσις/physis) zu leben, muss man sich jetzt entscheiden. Der Respekt gebührt jetzt der eigenen Wahl.

Bis heute hat der Stoizismus mit seiner Affektenlehre und dem Gedanken des Zuträglichen einen großen Einfluss auf Gesellschaften, die diese Spannung von „Schicksal" und „Wahl" erfahren. Das Naturrechtsdenken des Mittelalters (Thomas von Aquin), des 17. und 18. Jahrhunderts (Hobbes, Rousseau, Hugo Grotius)[65] sowie die unter der

---

64 Warnach, a.a.O., 1065.
65 Thomas Hobbes weist der Religion religionsgeschichtlich die schon in der Antike formulierte Funktion der Angstbewältigung zu, während er das Naturrecht als Ermöglichung der Freiheit und damit der Ermöglichung der Sicherheit für den Einzelnen begreift: „Das Naturrecht ist die Freiheit, nach welcher ein jeder

Gedankenführung des „Rechtes des Stärkeren" pervertierten – weil die isonomia missachtenden - Denkhaltungen des Sozialdarwinismus und des Nationalismus sind späte, aber noch nicht versiegende Läufe dieses Denkens.

14. Die Gewichte verschoben: von der Freiheit zur Gleichheit

Die ureuropäische Idee der Bindung an ein Gebiet, den Boden der Polis als Voraussetzung für die Freiheit der Gleichen, zerbröselt in einem Europa, das seine Grenzen weder geographisch noch bevölkerungspolitisch und auch nicht rechtlich „definiert". Ohne Grenzen keine Freiheit, das war die dialektische Erkenntnis, der „Exportschlager" (ultra fines) der europäischen Tradition: _„Non plus ultra!"_[66] Vielmehr scheint heute das Gegenteil in den Köpfen politisch Verantwortlicher eingezogen zu sein: „No Borders" – vielmehr grenzenlose Freiheit für Alle! Aus Isonomie (ἰσονομία) wird Egaliät: _„No borders, no matters!"_ Was falsch läuft: Mit dem berechtigten Wunsch nach Abschaffung der wirtschaftlichen, sozialen und kulturellen Sklaverei, Unterdrückung, Missachtung der Natur, etc. wird der traditionelle Gleichheitsgrundsatz, der

---

zur Erhaltung seiner selbst seine Kräfte beliebig gebrauchen und folglich alles, was dazu etwas beizutragen scheint, tun kann. …
Das natürliche Gesetz aber ist eine Vorschrift oder allgemeine Regel, welche die Vernunft lehrt, nach welcher keiner dasjenige unternehmen darf, was er als schädlich für sich selbst anerkennt." Zitiert nach: Thomas Hobbes, Leviathan. Erster und zweiter Teil, in der Übersetzung von Jacob Peter Mayer, Stuttgart 1980, 118.

[66] „Nicht darüber hinaus!" – Das war bekanntlich der lateinische Spruch an den „Säulen des Herkules", der dort – zwischen Nordarfrika und Gibraltar - das „Ende" (die Grenze) der Welt zu markierte.

an eine politische Gemeinschaft, an einen geographisch-sozial definierten Lebensraum, auch an ein Konkurrenz-streben (ἀγών/Agon) als Vorbedingung der Leistungsfä-higkeit gebunden war, ausgehebelt, eliminiert und diese Zerstörung wird zum Agens einer neuen, derzeit vor allem in Städten festzustellenden Gewalt: „Der Verlust der Unterschiede erzeugt (…) die Rivalität, für die dann die Unterschiede verantwortlich gemacht werden."[67] Gleichheit als Bindung an das Recht (Isonomia) wird in diesem schon jahrzehntelangen Prozess, der mit dem Verlust des Realismus, der Brüchigkeit des Naturrechtsdenkens, dem Ausbau des „Wohlfahrtsdenkens" im Zeichen eines solipsistischen ICH einherging, mit Egalität verwechselt. Die Bindungskräfte an das Volk (den λαός/Laos und δῆμος/demos) schwinden rasanter als die Menschen altern. In diesem Vorgang zeigen sich immer mehr Spuren einer Ochlokratie (ὀχλοκρατία: Menschenmenge/Pöbel-herrschaft).

Eine gute Idee führt sich selbst an den Abgrund, weil sie in der Anwendung (χρῆσις/usus) für die Gemein-schaft und den Einzelnen nicht zuträglich (συμφέρον/symphoron) ist und sich aus dem Siche-rungsnetz der vorpositiven Gesetzlichkeit emanzipiert. Aus der starken Bindung von einst, ergab sich eine Pluri-formität von Möglichkeiten, die in der Gesellschaft von heute nicht mehr andocken. Sichtbar ist der Einbruch der Egalität und die Auslöschung der Gleichberechtigung im Kampf gegen die traditionelle Familienform, in der es qua Existenz ein zeitliches, logisches und wirtschaftliches

---

[67] Norbert Bolz, Das konsumistische Manifest, München 2002, 54.

prius und posterius gibt, in der die Asymmetrie der Einzelnen mit dem Interesse des Ganzen ausgeglichen wird. Mit dieser elementaren Verlusterfahrung, der Zuordnung von Einzelnem und Ganzem, von Bindung und Möglichkeit, von Jung und Alt, mutiert das Wort Freiheit zu einem Archäopterix der Lebensgestaltung. Man fühlt sich hoffnungslos „veraltet", wenn man sich an diese Versteinerungen gewöhnt, als Sklave in einem fremdgewordenen Land, einem Kontinent, der das Gefühl und die Vernunft nicht mehr aus der Erfahrung der Zeitlichkeit, des Schweigens und einer sinnstiftenden Kraft (Eschatologie) ableitet, sondern sich in einer Überbetonung der Ethik vor der argumentativen Auseinandersetzung mit neuaufziehenden Konkurrenten selbst blockiert. Wir fühlen uns als Riesen, sind in Wirklichkeit Zwerge.

15. Am Bett des Patienten: „Was wirkt?"

Am Bett des Patienten werden die Anfragen der Betroffenen zur Anfrage an die Möglichkeiten und Begrenztheiten ärztlichen Handelns. Das Unerledigte, die Behebung der Krankheit, wird zum Maßstab eines mit der Existenz des Leidenden verbundenen Wunsches nach Befreiung, nach Lösung aus der Diktatur der Zeit, die als situative Frist erscheint in den Räumen medizinischer Apparaturen. Über diese schweigt man im gesunden Zustand. Jetzt sind sie Räume des Gerichts und entscheiden über das lineare Fortleben. Empfehlungen der Umstehenden werden im Ohr des Patienten zum gut gemeinten Geschwätz einer Beistandsmoral. Allein die Botschaft des Arztes zählt und wird mit den Erwartungen der Angehörigen beladen. Kein Wunder, dass sich Ärztekammern ethischen Ansprüchen außerhalb Ihrer Berufsordnungen verschließen. Der Entzug der Bewegungs- und Gesundheitsoptionen hebt den Schleier über die Nacktheit des Adam, der die singuläre Hilflosigkeit des Personals in der Überforderung spiegelt. Die soterischen[68] Apparate werden immer mehr zu Wächtern eines gefühlten Tartarus und zu Medien einer neuen Gesundheitsutopie. Ein Umbruch epochalen Ausmaßes liegt in der Fragmentierung und Beschränkung der Freiheit aller Beteiligten. In der Bedingtheit ihrer Wünsche und ihres Protestes ist dieser malade Mensch an sich gebunden.[69] Kooperation erscheint hier als Verdamnis zum Freiheitsverlust des kleinen „Ich" auf der Suche nach dem Selbst. Und das alles im Umfeld medizinischer Geräte und der Frage nach Tod und Leben.

Die Symptome der Zeit sind vielfältig, sicher auch ihre Diagnosen. Aus ihrer Beschreibung ergibt sich – zumindest noch - keine planbare, an konkreten Maßnahmen abzuarbeitende Therapie. Vielmehr erscheinen die Verse Hölderlins als Menetekel eines neuerlichen Auszugs aus dem Paradies in unser seelisches Erleben: *„Ein Zeichen sind wir, deutungslos, /schmerzlos sind wir und haben fast/ die Sprache in der Fremde verloren."*[70] Mit Ausnahme der

---

[68] gr. soter: Retter, Erlöser.

[69] Als Gründe für die Corona-Proteste werden von Seiten der heterogenen Teilnehmer oft der Schutz der Grundrechte und der Behauptung bürgerlicher Freiheitsrechte angeführt. Vgl.: https://www.bpb.de/politik/innenpolitik/coronavirus/311575/protest, 09.08.2020, 17.31.

[70] Friedrich Hölderlin, Menmosyne: in: https://gedichte.xbib.de/H%F6lderlin_gedicht_240.+Mnemosyne.htm, 2. Fassung, 08.08.2020, 10.23.

Stenographen im Bundestag sind die meisten Verschrift-lichungen unserer Gedanken unverständlich geworden, sehr viele haben sich sogar in den digitalen Zeiten des Hypertextes von der Schrift und einer sinnlichen Vorlage gelöst. Das Geschriebene wird so zum bloßen Material, dem man die Entfernung, den geistigen Hiat anmerkt. Der Stenograph hingegen denkt mit: „Das befähigt ihn, Unebenheiten der Artikulation und Grammatik bereits beim Aufschreiben zu glätten; Zwischenrufe sogleich zu orten und der jeweiligen Fraktion oder gar Person zuzu-ordnen; Geräusche, die keine Sprachform gewinnen, als ,Heiterkeit', ,Unmut', ,Tumult' zu interpretieren und so auch die Atmosphäre einer Debatte zu charakterisie-ren….. Kein Gerät ist in Sicht, das ihm diese synthetische Leistung abnehmen könnte."[71] Weil wir auf diese Art des hörenden, empathischen, zutiefst integrativen Verste-hens in allen gesellschaftlich wichtigen Institutionen (Kir-chen, Gewerkschaften, Lobbyorganisationen, etc.) zuneh-mend verzichten, verlieren wir den existenziellen Untergrund unserer Kommunikation, die Empathie und verstärken so die Unsicherheit. Wir denken nicht mehr aus Metaphern, geprägten Erfahrungen heraus, weil wir die Logik in Gegensatz zu Ethik und Physik gestellt ha-ben bzw. dezidiert gegen den „Logozentrismus" kämp-fen. Unsere eigene Lebenswelt wird unleserlich, die Be-hausungen verlieren ihren Charakter als „Heimat". Auch digital auditiver Ersatz der „Internetriesen", eingesetzte Chat-bots werden diese Lücke nicht schließen können.

---

[71] Christoph Türcke, Vom Kainszeichen zum genetischen Code. Kritische Theorie der Schrift, München, 2. Auflage 2013, 8.

Zudem ist uns Heutigen die Bewusstheit verlorengegangen, in kein Material schneiden oder ritzen zu können, ohne es zu verletzen. Wir fügen unserem Globus und seinen Bewohnern Wunden zu als ob nichts und niemand dies spüren würde. Auch der Sprache gegenüber sind wir weitgehend apathisch geworden, wenn wir sie nur noch als ideologisch aufgeladenes Instrument gebrauchen. Und wenn Schrift, sichtbare Sprache, Ausdruck unserer menschlichen Natur ist, dann ist alles, was wir damit verbinden, mit Schmerzen und Verletzungen verbunden. Schmerzlos sind wir geworden, wenn wir als Überlebende des Brudermordes unser heteronom[72] aufgedrücktes „Kainszeichen" nicht mehr erkennen. Individuell und sozial verstehen wir nicht mehr, dass Beteiligtsein in Kirche, Staat, Gesellschaft nicht nur bedeutet, „mitzufühlen", „mitzuleiden", sondern den gegenwärtigen Zustand selbst mitverursacht zu haben.[73] Erkennen und Schmerz berühren sich in der Gegenwart immer seltener. Deshalb muss man sich an die „Quellen" der der „Empfindungslosigkeit" begeben.

---

[72] Vgl. Lev 19,28: „Für einen Toten dürft ihr keine Einschnitte auf eurem Körper anbringen, und ihr dürft euch keine Zeichen einritzen lassen. Ich bin der Herr."

[73] Christoph Türcke, a.a.O, 21, macht darauf aufmerksam, dass der Skopus in der Erzählung von Gen 1,4-16 in der dreimal verleugneten Ablehnung des Menschenopfers liegen könnte durch Umkehrung der historischen Abfolge der Kulturstufen, durch Aussparung der frühesten Stufe und durch Moralisierung des Opfers zum Mord, den die Gottheit mit todringendem Fluch quittiert. Außerdem interessant der Verweis auf 2 Sam 21,16, wo „qajin" Spieß und Lanze bedeutet, im Namen die Tat aufscheint.

Eine Attacke auf den Zusammenhang von Leid und Lernen, Erkennen und Gefühl führt seit Jahren ein Teil der Linguistik, der sich zunehmend von deskriptiven auf präskriptive Methoden stützt.

So formuliert sich aus strukturalistischer Perspektive beispielsweise unter der Attitüde des Kampfes gegen die Bevormundungen einer abendländischen Logik („Logozentrismus") die Ablehnung der überkommenen Buchkultur als Verfestigung einer rhizomartigen Denkform.[74]

Eine postulierte Negation jeglicher Repräsentationsfunktion der Schrift für das Denken, um damit die Frage nach dem Denken und der Identität auszuweichen: „Das moderne Denken ... entspringt dem Scheitern der Repräsentation wie dem Verlust der Identitäten und der Entdeckung all der Kräfte, die unter der Repräsentation des Identischen wirken."[75] Die Schrift verliert hier – noch vor der einsetzenden Auflösung oder Übertragung in der Informatik - ihren Charakter als Bedeutungsträger. Damit geht aber auch das ursprüngliche „Pathos" der Schrift, seine „Leidbezogenheit" und metaphorische Verwandlungsfähigkeit zugrunde, ja überhaupt die logische Konsistenz, die nach der Begründung für das Behauptete fragt. Diese Neigung zur Inkommunikabilität im Widerpart zu einer jahrhundertelangen logozentrischen

---

[74] Gilles Deleuze, Felix Guattari, Rhizom, Berlin 1976, s. 8, in: Türcke, a.a.O., 154f.: „Das Gesetz des Buches ist dasjenige der Reflexion: das Eine, das zwei wird." „Aus Eins wird zwei: jedesmal, wenn wir dieser Formel begegnen, ob sie nun Mao als Stratege ausgegeben oder man sie so ‚dialektisch' wie möglich begriffen hat, haben wir es mit dem reflektiertesten, ältesten klassischen Denken zu tun, das völlig abgenutzt ist."
[75] Türcke, a.a.O., 157.

Prägung der Sprache drückt sich in Jaques Derridas Buchtitel „Wie nicht sprechen. Verneinungen"[76] aus. Die Formulierung desjenigen, was nach den Gesetzen der Identitätslogik widersprüchlich und unzulassig ist, soll zur Dekonstruktion, vielleicht besser einer sprachlichen Unübersichtlichkeit, einem Funktionsverlust der Sprache als Identitätsträger beitragen, der „differance".[77] Soll man das wollen? Wird hier nicht gerade der Kooperation des Menschen, der Übertragbarkeit der biologisch-epigenetischen, „humanen" Grundanlage in Formen symbolischer Kommunikation (Gestik, Mimik, Haptik, Lautsprache) der Boden entzogen? Welcher Umgang mit ihren Heiligen Schriften bleiben den Religionen, wenn sich „differance" nicht nur im philosophischen, sondern auch im sozialen Bereich rhizomartig verbreitet?[78] Wird noch Respekt gegenüber der Hoheit staatlichen Handeln – metaphorisiert in den Gesetzestexten – staatlicher oder supranationaler Gemeinschaften eingefordert werden können? Könnte diese Haltung nicht den immer weiter um sich greifenden Akzeptanzverlust demokratischer Regeln befördern? Benötigt das „Ich" nicht eine Verortung in

---

[76] Jacques Derrida, Wie nicht sprechen. Verneinungen, Wien, 1989.
[77] Es springt die Verwandtschaft zu dem aus der Literaturwissenschaft stammenden Begriff des „Queren" ins Auge."
[78] Im Blick auf die Übertragbarkeit gänzlich unbildlicher Vorgänge könnte gelten: „Die différance ist noch um eine Umdrehung mysteriöser als dieser Gott. Sie ist dasjenige, was übrigbleibt, wenn man vom Schöpfungsakt den Schöpfer und das Geschaffene abzieht und auch noch leugnet, daß das, was zurückbleibt, ein Schöpfungsakt sei." Türcke, a.a.O, S. 187.

sozialen Strukturen? ist das Denken, auch das theologische, nicht auf die „Differenz" angewiesen?

Wenn Bücher, überhaupt Texte, ihre einheitsstiftende Funktion für das Denken einbüßen, die Natur ihren symbolischen Hinweischarakter („Schöpfung", „Buch der Natur") verliert, weil alles Ergebnis eines menschengemachten, unter dem Identitäts- oder Sinnverdacht stehenden Übersetzungsvorgangs steht, dann rückt als nächstes die Genetik des Menschen in das Blickfeld der Linguisten, Philosophen, Mediziner, Informatiker.

Gibt es Dialog- und Beziehungsstrukturen in der menschlichen Genetik? Wieviel Pathos liegt im genetischen Code? Kann man die Frage nach Thymos, Pathos und Logos überhaupt noch stellen? Ist Platon heute vor den Erkenntnissen der Biogenetik und Informatik überhaupt noch lesbar?

Der genetische Code – eine Art neuer Erkenntnis – und Forschungsrahmen (Paradigma[79]) – tritt in die Fußstapfen des ptolemäischen und kopernikanischen Weltbildes. Seine Entdeckung und Dechiffrierung lässt die Hoffnung aufkeimen, die gesamte Welt wäre eine bis ins Detail lesbare Abfolge von biochemischen markierten Buchstaben. Der Mensch in seiner Bausteinhaftigkeit wird so Subjekt und Objekt eines kybernetischen Übersetzungsvorgangs, der Nukleotid-Sequenzen der DNS in die Proteinsprache überführt, wobei die Transskription eines der beiden Stränge in ein einstrangiges Polynukleotid der Boten-RNS dazwischen „geschaltet" ist. Mit der Ausweitung

---

[79] Thomas Kuhn, Die Struktur wissenschaftlicher Revolutionen, Frankfurt am Main, 2. Auflage 1976.

des Human Genome Project[80] ab der Jahrtausendwende und der Ausdifferenzierung der Forschungsrichtungen ließen sich alle Aminosäuren in Buchstabenkombinationen darstellen (Sequenzierung). Stolz verkündete der US-amerikanische Präsident Clinton im Jahr 2000: „Heute lernen wir die Sprache kennen, in der Gott das Leben schuf."[81] Das mag vermessen klingen – angesichts des bestehenden Unwissens über das Zusammenwirken der Gene mit den Aminosäuren - dennoch zeigt diese Äußerung, dass – ob Atheist oder Theist – alle mit der Entschlüsselung auf der Suche nach einem Urtext, einem Geheimnis, der Erfüllung eines Urbedürfnisses sind, einem Symbol auf der Spur. Das ist für nicht enschlägig mit der biochemisch, genetischen Fragestellung befasste

---

[80]Vgl.:https://www.transgen.de/lexikon/1762.humangenomprojekt.html, 11.08.2020, 12.48: „Humangenomprojekt. Internationales Projekt zur vollständigen Entschlüsselung der menschlichen Erbsubstanz. Die ca. drei Milliarden Basenpaare des menschlichen Genoms zu entschlüsseln, war die Aufgabe des im Jahre 1990 begonnen Humangenomprojektes, das von einem internationalen Forschungsverbund ins Leben gerufen wurde. 1995 hat sich auch Deutschland diesem Projekt angeschlossen. Die Basenabfolge von ca. 1,5 Prozent des Genoms wurde in Deutschland bestimmt. Im Jahre 2001 wurde die Kartierung aller menschlicher Gene bekannt gegeben. Die Wissenschaftler fanden heraus, das nur drei bis fünf Prozent der DNA Gene darstellen. Der Rest der DNA besteht u. a. aus regulatorischen Einheiten, stillgelegten Pseudogenen und Regionen von sich wiederholenden Sequenzen."
[81] Christoph Türcke, a.a.O., 213-215.

Menschen ebenso interessant[82], wie der Versuch strukturalistischer Denker die rhizomartig verzweigte Vielfalt
und Nicht-Identifizierbarkeit unter dem Anspruch gülti-
ger, identifzierbarer Sätze zu formulieren. Repräsentation, Übersetzbarkeit, letztlich Lesbarkeit und Intelligibi-
lität des Seienden sind unhintergehbare „principia,
quibus" alles Lebendigen. Dabei lösen Signale aus der
Umwelt, aus dem Zusammenspiel von Umwelt mit kör-
pereigenen Substanzen, vor allem nichtstoffliche Signale
im Gehirn die Abschaltung oder Aktivierung eines oder
mehrerer Gene aus: „Mit den Nervenzell-Systemen der
fünf Sinne wahrgenommene zwischenmenschliche Situa-
tionen werden vom Gehirn fortlaufend in biologische Signale verwandelt, die ihrerseits massive Effekte auf die Be-
reitstellung von Transkriptionsfaktoren haben. Dies
erklärt, warum seelische Erlebnisse innerhalb kürzester
Zeit zahlreiche Gene aktivieren oder abschalten können.
Die Zeit von der Aktivierung eines Gens bis zur

---

[82] Joachim Bauer, Das Gedächtnis der Körpers. Wie Beziehungen
und Lebensstile unsere Gene steuern, Frankfurt am Main 2013,
228.: „Proteine (Eiweiß-Stoffe) sind die Hauptakteure des Stoff-
wechsels. Gene kontrollieren den Körper, indem sie den Bau von
Proteinen kontrollieren. Der DNS-Faden des Erbgutes, welcher
in jeder Körperzelle enthalten ist, enthält circa 35000 Baupläne
für den Bau von Proteinen. Der Bauplan für ein Protein ist eine
unveränderliche, im ‚Text' des zuständigen Gens enthaltene Erb-
information. Da der Abuaplan eines einzelnen Gens auf mehrere
Weisen abgelesen werden kann, …, können nach der ‚Textvor-
lage' eines Gens mehrere unterschiedliche Proteine abgelesen
werden. Der in einem Gen festgelegte Bauplan wird weiter ver-
erbt. ob ein Gen jedoch angeschaltet oder abgeschaltet wird,
hängt bei den meisten Genen in hohem Maße von den jeweiligen
Umweltbedingungen ab. An der letzten Fragestellung setzt die
Epigenetik an.

Fertigstellung des Proteins kann im Bereich weniger Minuten liegen."[83] Die kantische Erkenntnisstufung von Sinn, Verstand und Vernunft ließe sich also auch wohl biogenetisch darstellen.

Das Pathos (πάθος)[84], ob endo- oder exogen oder beides, vornehmlich Hass oder Liebe, auch enthalten im künstlerischen Engagement, bietet eine erfolgversprechende Chance, Freiheit und Identität des Einzelnen und damit das „Humanum" zu sichern. Ich möchte diese Gestimmtheit verwenden als Überbegriff für eine ganzheitliche Form des Wahrnehmens, die Empfindung als sinnliche Wahrnehmung, Intuition als Richtungssinn, Fühlen als wertende Instanz und Denken als rationale, ordnende Funktion umgreift.[85] Die Konnotation der „Leidenschaft" (cupiditas), im Hauptstrom christlicher Regulation über viele Jahrhunderte hinweg übergangen oder unterdrückt mit unheilvollen Wirkungen auf das Verständnis von Erotik, Sexualität und Partnerschaft, hat hier ihren berechtigten Platz. Dem Pathos im Sinne einer vertieften menschlichen Bindung wieder Geltung zu verschaffen, dafür sollten wir argumentativ werben, weil wir den

---

[83] Joachim Bauer, a.a.O., 240.

[84] Leid, Leidenschaft, Erlebnis – hier nicht verstanden als rhetorisches Mittel zu tendenziell übertriebener Artikulation, im biblischen und außerbiblischen frühen Quellen als „Leidenschaft" auch negativ – im Sinne eines „Lasters" konnotiert. Vgl.: Walter Bauer, Griechisch-Deutsches Wörterbuch zu den Schriften des Neuen Testaments und der frühchristlichen Literatur, 6., völlig neu bearbeitete Auflage, Berlin, New York, 1988, 1220.

[85] Ich beziehe mich auf Carl-Gustav Jung, Der Mensch und seine Symbole, Olten, Freiburg im Breisgau, 8. Auflage (Sonderausgabe) 1985, 61.

Menschen im Namen einer (menschenfreundlichen) Biologie vor den Folgen einer schlechten, einseitigen Digitalisierung, inkonsistenter Sprachphilosophie, einer naturalistischen und mechanistischen Biophysik und Bioinformatik bewahren wollen.[86] Im eigenen Freiheitsinteresse. Andernfalls droht uns selbst das Schicksal als Maschinen.[87] Vertrauen wir auf eine Logik, die den biologischen Zusammenhang zwischen Erkennen und Gefühl wieder entdeckt. Das *„Denken ist ein Funke, der vom Schlag des Herzens entfacht wird."*[88]

---

[86] Vgl. das wunderbare Postulat von Frank Schirrmacher, Ego. Das Spiel des Lebens, Berlin, 4. Auflage 2013, 290: „Es ist der einfachste Satz, mit dem man die unbarmherzige Logik einer automatisierten Gesellschaft und Ökonomie lahmlegen und neue Freiheiten schaffen kann, ganz gleich, ob es sich um todsichere Spekulationen auf die Zukunft von Märkten oder um Voraussagen über Menschen und ihre Leidenschaften handelt. Der Satz, um die Marionette zu töten, lautet: Die Antwort war falsch."

[87] Norbert Wiener, Mensch und Menschmaschine. Kybernetik und Gesellschaft, Frankfurt am Main 1952. Vgl. Claudia Becker (Hrsg.), Julien Offray de laMettrie, L' homme machine, Hamburg 2009.

[88] Weish 2,2. Der die Biologie in sein Leben integrierende Mensch kann diesen Vorwurf an die Frevler im Buch Weisheit – gegen seine ursprüngliche Spitze - nunmehr mit guten Gründen übernehmen und mit dem Schöpfungsgedanken versöhnen.

MNEMOSYNE

Ein Zeichen sind wir, deutungslos
Schmerzlos sind wir und haben fast
Die Sprache in der Fremde verloren.
Wenn nämlich über Menschen
Ein Streit ist an dem Himmel und gewaltig
Die Monde gehen, so redet
Das Meer auch und Ströme müssen
Den Pfad sich suchen. Zweifellos
Ist aber Einer. Der
Kann täglich es ändern. Kaum bedarf er
Gesetz. Und es tönet das Blatt und Eichbäume/
wehn dann neben
Den Firnen. Denn nicht vermögen
Die Himmlischen alles. (…)[89]
Lang ist die Zeit; es ereignet sich aber
Das Wahre. (…)

Friedrich Hölderlin (1784-1843)

---

[89] Detlev Lüders (Hg.), Friedrich Hölderlin, Sämtliche Gedichte, Bd. 1, Wiesbaden, 2. Auflage 1989, S. 363f.

Literaturverzeichnis:

Monographien:

von **Albrecht**, Michael (Hrsg.), P. Ovidius Naso, Metamorphosen, Stuttgart 1994, 511f.

Assmann, Jan, Exodus. Die Revolution der Alten Welt, München, 3. Auflage 2015.

Bauer, Joachim, Das kooperative Gen. Evolution als kreativer Prozess, München 2010.

ders., Das Gedächtnis des Körpers. Wie Beziehungen und Lebensstile unsere Gene steuern, Frankfurt am Main 2013.

Bauer, Walter, Griechisch-Deutsches Wörterbuch zu den Schriften des Neuen Testaments und der frühchristlichen Literatur, Berlin, New York, 6. völlig neu bearbeitete Auflage 1988.

Bloch, Ernst, Philosophische Aufsätze zur objektiven Phantasie (=Werkausgabe Bd. 10), Frankfurt am Main 1985.

Becker, Claudia (Hrsg.), Julien Offray de laMettrie, L'homme machine, Hamburg 2009.

Blondel, Maurice, L'Action – Die Tat. Versuch einer Kritik des Lebens und einer Wissenschaft der Praxis. Aus dem Französischen übertragen von Anton van Hoof, Freiburg, München 2018.

Bolz, Norbert, Das konsumistische Manifest, München 2002.

Byung-Chul, Han, Müdigkeitsgesellschaft. Burnoutgesellschaft. Hoch-zeit, Berlin 2013.

Camus, Albert, Der Mythos des Sisyphos, Hamburg 1959.

Dawkins, Richard, Das egoistische Gen, o.O., 2014.

Derrida, Jacques, Wie nicht sprechen. Verneinungen, Wien, 1989.

Eigeler, Günther (Hrsg.), Platon, Werke in acht Bänden, Bd.4, Darmstadt 1971.

Färber, Hans, Schöne, Wilhelm, Horaz, Sämtliche Werke, Darmstadt, 10. Auflage 1985, 428.

Gabriel, Markus, Moralischer Fortschritt in dunklen Zeiten. Universale Werte für das 21. Jahrhundert, Berlin, 3. Auflage 2020.

Mieth, Günter (Hrsg.), Friedrich Hölderlin, Werke in zwei Bänden, Bd. 1 (=Bibliothek deutscher Klassiker Bd. 20), München, Wien 1978.

Houellebecq, Michel, Unterwerfung, Köln 2015.

Huber, Johannes, *Der holistische Mensch: Wir sind mehr als die Summe unserer Organe*, Wien 2017.

Klein, Richard, *Symmachus*, Darmstadt, 2. Auflage 1971.

Kuhn, Thomas, *Die Struktur wissenschaftlicher Revolutionen*, Frankfurt am Main, 2. Auflage 1976.

Maierhöfer, Franz, *Samuel Beckett, Warten auf Godot*, Oldenbourg 1973.

Mayer, Jacob Peter, *Thomas Hobbes, Leviathan*, Stuttgart 1980.

Picard, Max, *Die Welt des Schweigens*, Erlebach, Zürich, u.a., 2. Auflage 1950.

Rizzolatti, Giacomo, Sinigallia, Corrado, et alii, *Empathie und Spiegelneurone: Die biologische Basis des Mitgefühls*, edition unseld, 2008.

Schirrmacher, Frank, *Ego. Das Spiel des Lebens*, Berlin, 4. Auflage 2013.

Schlapkohl, Corinna, *Boethius und die Debatte über den Personbegriff*, o.O., 1999.

Schwartze, Stefan, *„Qui tacet, consentire videtur". Eine Rechtsregel im Kommentar*, Paderborn 2003.

Sloterdijk, Peter, *Regeln für den Menschenpark: ein Antwortschreiben zu Heideggers Brief über den Humanismus*, Suhrkamp (Bd. 6582), 1999.

ders., *Zorn und Zeit*, Frankfurt am Main, 2008.

Weil, Simone, *Schwerkraft und Gnade*, München 1989.

Wiener, Norbert, *Mensch und Maschine. Kybernetik und Gesellschaft*, Frankfurt am Main 1952.

Türcke, Christoph, *Vom Kainszeichen zum genetischen Code. Kritische Theorie der Schrift*, München, 2. Auflage 2013.

Ziegler, Konrat(!), *Cicero, Staatstheoretische Schriften*, Berlin, 4. Auflage 1988.

Zeitschriften:

Puntel, L.B., *Die Trinitätslehre G.W.F. Hegels*, in: Zeitschrift für Katholische Theologie (1967), 203-213.

Warnach, Walter, *Art. Freiheit*, in: Ritter, Joachim, Historisches Wörterbuch der Philodophie, Bd. 2., Darmstadt 1972.

Online-Verweise:

*Zum **Humangenomprojekt**: URL:* https://www.trans-gen.de/lexikon/1762.humangenomprojekt.html, 11.08.2020, 12.48.

Finkielkraut, Alain, in: URL: https://www.welt.de/kultur/plus209419763/Alain-Finkielkraut-Beim-Antirassismus-geht-es-leider-nicht-mehr-um-Gleichheit.html?ticket=ST-A-325274-HY5cfQorQfVev17ITRYe-sso-signin-server, abgegriffen am 13.05.2020, 13.40.

Hölderlin, Friedrich, Mnemosyne: in: URL: https://gedichte.xbib.de/H%F6lderlin_gedicht_240.+Mnemosyne.htm, 2. Fassung, abgegriffen am 08.08.2020, 10.23.

Siemons, Mark, Wir Cyborgs, in: https://www.faz.net/aktuell/feuilleton/debatten/kuenstliche-intelligenz-wir-cyborgs-16316404.html?fbclid=IwAR0y_wPyZJlgKWZ78axQxPOw-kCico4pR22_kH78yxOkxmjy0DIHLB1PsZHM, 27.07.2020.

Zur Krise um den Victoria-Altar: URL: https://de.wikipedia.org/wiki/Quintus_Aurelius_Symmachus, 13.06.2020.

Symmachus -Relatio: URL: http://www.hs-augsburg.de/~harsch/Chronologia/Lspost04/Symmachus/sym_re03.html, 13.05.2020, 11.23.

Thomas von Aquin, Quelle: URL: http://www.corpusthomisticum.org

Wiegel, Michaela, Gott in Frankreich. Vorgeschobene Laizität, in: FAZ vom 20.12.2020: in: https:// www.faz.net/aktuell/politik/ausland/frankreich-freiheit-gleichheit-religionsfeindlichkeit-17109794.html, 28.12.2020, 14.05.